高等职业教育改革与创新新形态教材

智能仓储与配送

主　编　刘贵生　赵　丽
参　编　王　燕　张变亚　马丽荣　丁旭兵

机械工业出版社
CHINA MACHINE PRESS

仓储与配送是物流的两大主要功能，"智能仓储与配送"是物流类专业的核心课程之一。本书依托校企合作，从实际问题出发组织编写，全书由五个项目组成，分别为储配设施设备与库内安全保养、仓储业务实施、配送业务实施、仓配布局与配送优化、智能仓配规划。每个项目设有若干任务，每个任务由任务目标、任务情景、知识链接、任务实施和效果评价等环节构成，建立多样化的案例，兼备理论性与实操性，对课程的教学内容进一步扩展。本书由北京络捷斯特科技发展股份有限公司制作视频、资源库、典型案例和典型工作任务等资源，读者可使用智能移动终端设备扫码学习。

本书既可作为高等职业教育院校现代物流管理、智能物流技术、供应链运营等专业的课程用书，又可作为仓库、港口、物流中心物流管理以及生产管理等岗位人员的业务培训用书。

图书在版编目（CIP）数据

智能仓储与配送 / 刘贵生，赵丽主编. —北京：机械工业出版社，2023.5（2025.6 重印）
高等职业教育改革与创新新形态教材
ISBN 978-7-111-73131-3

Ⅰ. ①智… Ⅱ. ①刘… ②赵… Ⅲ. ①仓库管理—智能控制—高等职业教育—教材 ②物资配送—智能控制—高等职业教育—教材 Ⅳ. ① F253.4-39 ② F252.14-39

中国国家版本馆 CIP 数据核字（2023）第 080592 号

机械工业出版社（北京市百万庄大街 22 号 邮政编码 100037）
策划编辑：董宇佳　　　　　　责任编辑：董宇佳
责任校对：潘　蕊　葛晓慧　　封面设计：严娅萍
责任印制：李　昂
涿州市般润文化传播有限公司印刷
2025 年 6 月第 1 版第 4 次印刷
184mm×260mm · 14.5 印张 · 319 千字
标准书号：ISBN 978-7-111-73131-3
定价：49.90 元

电话服务　　　　　　　　　网络服务
客服电话：010-88361066　　机　工　官　网：www.cmpbook.com
　　　　　010-88379833　　机　工　官　博：weibo.com/cmp1952
　　　　　010-68326294　　金　书　网：www.golden-book.com
封底无防伪标均为盗版　机工教育服务网：www.cmpedu.com

Preface 前言

2017年10月，国务院办公厅印发《关于积极推进供应链创新与应用的指导意见》（国办发〔2017〕84号），提出推动流通创新转型，鼓励批发、零售、物流企业整合供应链资源，构建采购、仓储、配送供应链协同平台。在供应链快速的发展过程中，商业模式进一步创新，物流业已成为商业模式创新的蓝海，从供应链到区块链，物流业为模式创新提供了很多素材和资料。党的二十大报告也再次强调，推进新型工业化，推动制造业高端化、智能化、绿色化发展。因此，未来的物流行业将需要更多的智能仓配一体化领域复合型人才。

本书按照教育部《职业教育专业目录（2021）》新要求，突出高等职业教育特征。在当前"互联网+职业教育"发展形势下，积极探索新形态教材编写模式。为深化产教融合，本书采用校企双元合作模式对教材进行开发，以项目为引导，以任务进行驱动，每个任务中，学习者在学习相应理论知识的基础上，对业务实际操作进行学习与分析。在教学过程中，按照先引入、再理论、后操作的顺序讲授，符合学生的认知思维规律，培养学生对本课程的兴趣及相应实操能力。本书不再将仓储与配送分割为两个不同的功能模块，而是将其相互融合成为一体化的运作模式，对接现代物流企业的仓配业务实际需要。

本书的特点是：首先，各任务采用任务目标→任务情景→知识链接→任务实施→效果评价的结构顺序，理论知识与实际操作相对应，课程内容与职业岗位相对应，教学过程与企业实际相对应，使学习者通过学习系统的仓储与配送管理知识，掌握仓储与配送作业的实操技能，并上升到管理层面，培养其职业能力及职业素养。其次，书中附有企业开发资源二维码，丰富教学过程，拓展学生视野，提高学生解决实际问题的能力。

本书由兰州石化职业技术大学刘贵生统筹安排，组织编写教材大纲及学习相关文件，力求在教材编写中做到理论联系实际，既有理论基础，也有可操作性。项目一中任务一由张变亚编写，项目一中任务二、项目二、项目三中任务一～任务三、项目四中任务一～任务四以及项目五中任务二由赵丽编写，项目三中任务四和项目四中任务五由王燕编写，项目五中任务一由丁旭兵编写，全书由马丽荣统稿；北京络捷斯特科技发展股份有限公司负责制作视频、资源库、典型案例和典型工作任务等资源。

为方便教学，本书配备了电子课件、习题答案等教学资源。凡选用本书作为教材的教师均可登录机械工业出版社教育服务网www.cmpedu.com免费下载。如有问题请致电010-88379375。

本书在编写过程中得到了兰州石化职业技术大学、机械工业出版社等单位及许多企业界朋友的大力支持，在此，对有关领导和相关人员表示衷心感谢！

由于时间仓促，编者水平所限，书中难免存在疏漏和不足，敬请广大读者批评指正。

编　者

二维码索引

序号	名称	二维码	页码	序号	名称	二维码	页码
1	职业素养：培养学习能力的必要性		002	10	职业素养：团队合作能力的重要性		087
2	冷链物流自动化冷库解决方案		002	11	固定存储		094
3	职业素养：物流仓储火灾警示片与火灾逃生八招		021	12	随机存储		095
4	职业素养：做事细心谨慎		042	13	分类存储		095
5	冷链物流中心智能库项目流程		054	14	职业素养：疫情期间配送中心发挥的作用		106
6	职业素养：最美快递员——物流人才的"工匠精神"		059	15	职业素养：时间的真谛		119
7	"五五化"堆码		063	16	Joinpad——物流领域AR解决方案		123
8	职业素养：精益求精，减少浪费		073	17	职业素养：如何提高效率		131
9	盘点的内容与方法		080	18	分区策略		133

（续）

序号	名称	二维码	页码	序号	名称	二维码	页码
19	订单分割策略		133	24	职业素养：如何提升创新能力		159
20	订单分批策略		134	25	职业素养：节约的重要性		169
21	分类策略		134	26	职业素养：沟通的意义		177
22	职业素养：群策群力		148	27	职业素养：强化服务意识		189
23	仓库选址考虑的因素		150	28	AGV 机器人		220

目录 Contents

前言

二维码索引

1 项目一 储配设施设备与库内安全保养······001
- 任务一 储配设施设备认知······002
- 任务二 库存物的安全和保养······021

2 项目二 仓储业务实施······041
- 任务一 出入库常见问题分析及处理······042
- 任务二 堆码······059
- 任务三 库存控制······073
- 任务四 储位管理与储位分配······087

3 项目三 配送业务实施······105
- 任务一 配送作业分析······106
- 任务二 分拣方法与拣货单应用······119
- 任务三 分拣策略应用······131
- 任务四 快件收寄与处理······139

4 项目四 仓配布局与配送优化······147
- 任务一 仓库与配送中心选址······148
- 任务二 仓库与配送中心内部布局······159
- 任务三 配送路线优化······169
- 任务四 车辆配载与调度······177
- 任务五 配送模式选择······189

5 项目五 智能仓配规划······201
- 任务一 智能仓作业场景分析······202
- 任务二 智能仓设备配置······213

参考文献······223

项目一
Project 1
储配设施设备与库内安全保养

知识部分
- 仓储与智能仓的相关概念
- 各种仓储设备的性能和特点
- 仓储设备配置的原则
- 传统仓与智能仓的主要设备
- 储存物品的保养条件

实施部分
- 货架设备的认知与选择
- 装卸搬运设备的认知与选择
- 其他设备的认知与选择
- 储存物品的保养预防措施的应用

任务一　储配设施设备认知

任务目标

知识目标

- 了解各种仓储与配送设备的性能和特点。
- 了解各种仓储与配送设备的特点及选择依据。
- 掌握各种仓储与配送设备的使用要求。
- 掌握各种仓储与配送设备的使用场所。

技能目标

- 能够掌握各种仓储与配送设备的配置原则和应用。
- 能够掌握各种仓储与配送设备的选择原则和使用方法。

素质目标

- 培养自学的学习能力。
- 培养收集信息的能力。

职业素养：培养学习能力的必要性

职业素养　培养学习能力

作为物流学子，对仓储与配送设施设备的认知仅借助此项任务的学习是不够的，其具体应用还需要在后期的实践中进一步学习。在探究各种储配设备的选择原则和使用方法时，要通过信息手段搜索大量资料来扩充知识内涵。因此，在探索过程中可以不断培养我们的学习能力，提高学习技能。

任务情景

情景一：

某物流公司主要经营业务以仓储为主，以部分物品的配送为辅。该公司刚建立不久，打算经营各种螺钉、螺帽、螺栓等小五金的储存服务，以及部分零件的配送，试为该公司配置主要仓储与配送服务的设备。

情景二：

某物流公司主要以仓储业务为主，公司主要存储一些大型家电设备，如电冰箱、洗衣机、空调等，试为该公司配备相关的设施设备。

知识链接

冷链物流自动化冷库解决方案

一、仓库类型

（一）按仓库的经营主体划分

1. 企业自营仓库

企业自营仓库包括生产企业和流通企业的自营仓库。生产企业自营仓库是指生产企业使用自有的仓库设施对生产使用的原材料、生产的中间产品、最终产品实施储存保管的场所，其储存的对象较为单一，以满足生产为原则。

流通企业自营仓库则为流通企业以其拥有的仓储设施对其经营的商品进行仓储保管的场所，仓储对象种类较多，其目的为支持销售。

2. 营业仓库

营业仓库是仓储经营人拥有的仓储设施，用于向社会提供商业性仓储服务。仓储经营人与存货人通过订立仓储合同的方式建立仓储关系，并且依据合同约定提供服务和收取仓储费。营业仓库的运作目的是在仓储活动中获得经济回报，实现经营利润最大化。其服务范围包括提供货物仓储服务和提供仓储场地服务。

3. 公共仓库

公共仓库是公用事业的配套服务设施，为车站、码头提供仓储配套服务。其运作的主要目的是保证车站、码头的货物作业和运输，具有内部服务的性质，处于从属地位。但对于存货人而言，公共仓库也属于营业仓库的范畴，只是不独立订立仓储合同，而是将仓储关系列在作业合同、运输合同之中。

4. 战略储备仓库

战略储备仓库是国家根据国防安全、社会稳定的需要，对战略物资实行储备而建立的仓储设施。战略储备由国家政府进行控制，通过立法、行政命令的方式进行，由执行物资储备的政府部门或机构进行运作。战略储备特别重视储备品的安全性，且储备时间较长。战略储备物资主要有粮食、油料、能源、有色金属、淡水等。

（二）按仓库运作的对象划分

1. 普通物品仓库

普通物品仓库是指不需要特殊保管条件的物品仓库。一般的生产物资、普通生活用品、普通工具等杂货类物品，不需要针对货物设置特殊的保管条件，采取无特殊装备的通用仓库或货场存放货物。

2. 特殊物品仓库

特殊物品仓库是在保管中有特殊要求和需要满足特殊条件的物品仓库，如危险物品仓库、冷库仓库、粮食仓库等。特殊物品仓储一般采取专用仓库，按照物品的物理、化学、生物特性以及相关法律法规规定，进行专门的仓库建设和实施管理。

（三）按仓库的使用功能划分

1. 储存型仓库

储存型仓库为物资较长时期存放的仓库。由于物资存放时间长，存储费用低廉就很有必要，储存仓储一般在较为偏远的地区进行。储存型仓库的存储物资较为单一，品种少，但存量较大。由于物资存期长，储存型仓库特别注重对物资的质量保管和维护。

2. 物流中心仓库

物流中心仓库是以物流管理为目的的仓储场所，为实现有效的物流管理，对物流的过程、数量、方向进行控制，以实现物流的时间价值，一般在一定经济地区的中心、交通较为便利、储存成本较低处进行。物流中心仓库存储的品种较少、批量较大,可实现一定批量分批出库,整体上吞吐能力强。

3．配送型仓库

配送型仓库也称为配送中心仓库,是商品在配送交付消费者之前进行短期仓储的场所,可供商品销售或者供生产使用前的最后储存,并在该环节进行销售或使用的前期处理。配送型仓库一般在商品的消费经济区间内选址,要求能迅速送达销售和消费场所。配送型仓库的物品品种繁多、批量少,需要一定量进货、分批少量出库操作,往往需要进行拆包、分拣、组配等作业,主要目的是支持销售,注重对物品存量的控制。

4．转运仓库

转运仓库也称中转仓库,是在不同运输方式的相接处,如港口、车站等场所建立的仓库。其目的是保证不同运输方式的高效衔接,减少运输工具的装卸和停留时间。运输转换型仓库运作时具有大进大出的特性,货物存期短,注重货物的周转作业效率和周转率。

5．保税仓库

保税仓库是指适用于海关核准的并用以存放保税货物的仓储场所。保税货物主要指暂时进境后还需要复运出境的货物,或者海关批准暂缓纳税的进口货物。保税仓库的运作受到海关的直接监控,虽然说货物也是由存货人委托报关,但保管人要对海关负责,入库或出库均需要由海关核准。保税仓库一般设置在进出境口岸附近。

二、货架

(一) 货架的种类

随着物流量的大量增加,为实现仓库的现代化管理,改善仓库的功能,不仅要求货架数量多,而且要求具备多种功能,并能满足机械化、自动化的要求。不同的货物,不同的场合,所使用的货架也不尽相同。货架的种类较多,分类方法也不尽相同。

(1) 按货架的发展分为传统货架和新型货架。

1) 传统货架包括层架、层格架、抽屉架、U形货架、悬臂架、栅架、气罐钢瓶架、轮胎专用架等。

2) 新型货架包括托盘式货架、驶入式货架、驶出式货架、旋转式货架、移动式货架、调解式货架、阁楼式货架、重力式货架等。

(2) 按货架的适用性分为通用货架、专用货架。

(3) 按货架的制造材料分为钢货架、木质货架、钢筋混凝土货架等。

(4) 按货架的密封程度分为敞开式货架、半封闭式货架、封闭式货架。

(5) 按货架结构特点分为层架、层格架、橱架、抽屉架等。

(6) 按货架的可动性分为固定式货架、移动式货架、旋转式货架、组合式货架等。

(7) 按货架的构造分为组合可拆卸式货架、固定式货架。

(8) 按货架高度分为底层货架、中层货架、高层货架。

(9) 按货架重量分为重型货架、中型货架、轻型货架。

(10) 按加工形式分为组合式货架和焊接式货架。

（二）货架的选择

1. 货架的选择原则

（1）实用性原则。货架首先应该满足所储存物品的品种、规格尺寸和性能的要求，其次要能满足物资先进先出原则的要求，同时还要适合配套机械的存取作业。

（2）低成本高效益原则。低成本高效益是企业的立足之本，在货架的选择中应以尽可能低的成本实现尽可能高的效益。

（3）安全可靠性原则。货架的强度和刚度要满足载重量的要求，并有一定的安全余量。在使用期限内，应保证货架强度和刚度的要求。对于存放危险品的货架应有特殊的规定。

（4）尽量采用先进先出的原则。先进先出是很多企业对存货管理的要求，所以在选择货架时要尽量考虑能满足此要求的货架。

2. 货架的选择依据

（1）改造仓库货架的选择。很多企业将原来的堆垛储存仓库改建成货架储存仓库，以提高仓库的利用率和作业效率。由于是在原有旧仓库的基础上改建的，因此仓库的高度较低，所以应尽量采用中低层托盘式货架，以便逐步实现机械化作业。为了提高库存容量，也可以采用阁楼式货架。对于小型零部件，也可以采用屏挂式货架。

（2）新建立体仓库货架的选择。对于新建立体仓库，货架应该根据储存物品的品种、规格、吞吐量和仓库的规模以及仓库的高度进行合理选择。对于小型仓库，如果自动化程度一般，可以选择托盘式货架或旋转式货架，以利于智能终端控制。

（3）固定式货架和流动式货架的选择。对于固定式货架，由于技术比较成熟，可以借鉴的经验较多，所以投资也相对小一些。当仓库所储存的物资品种多、批量小，日常以拣选作业为主的情况下，应选用流动式货架。

（三）特殊货架的结构及特点

1. 驶入式、驶出式货架

驶入式、驶出式货架采用钢质结构，是由数排传统货架连接起来组合而成的。存放货物时，托盘按深度方向存放，一个紧接着一个，这使得高密度存储成为可能。它允许堆高机驶入货架并从里层的位置开始存放至最前方的位置，其通道空间又是存储空间，因此储存密度非常高，地板面积使用率达到65%，适合存储大批量少品种的货物，叉车可直接驶入货道内进行货物存取，作业方便。

驶入式货架（见图1-1）存取货物时，叉车从通道的一端进出，存放时先内后外，取货时先外后内，是典型的先进后出存储方式。驶出式货架（见图1-2）较驶入式货架更为实用，存取货物时可从通道的两端进出，可以做到先进先出。

图1-1　驶入式货架

图1-2　驶出式货架

2. 流动式货架

流动式货架（见图1-3）的一端较高，另一端较低，倾斜布置，较高的一端作为入货口，较低的一端作为出货口。存货时，托盘从货架斜坡高端送入通道，通过滚轮下滑，逐个存放；取货时，从斜坡低端取出货物，其后的托盘逐一向下滑动待取，托盘货物在每一条滑道中依次流入流出。这种储存方式在货架排与排之间没有作业通道，大大提高了仓库面积利用率。但使用时，同一排、同一层上的货物，应为相同的货物或同一批次同时入库和出库的货物。此外，当通道较长时，在导轨上应设置制动装置，以防终端速度太大。

3. 移动式货架

移动式货架（见图1-4）又称动力式货架，通过货架底部的电动机驱动装置，可在水平直线导轨上移动。一般设有控制装置和开关，叉车可进入存取货物。其存储密度比一般固定式货架大且节省空间，仓库面积利用率达到80%，广泛应用于办公室存放文档，图书馆存放文献档案，工厂车间、仓库存放工具、物料等。移动式货架适用于库存品种多、出入库频率较低的仓库，或库存频率较高，但可按巷道顺序出入库的仓库。

图1-3　流动式货架

图1-4　移动式货架

4. 阁楼式货架

阁楼式货架（见图1-5）是将储存空间做上、下两层规划，利用钢架和楼板将空间间隔为两层，下层货架结构支撑上层楼板。阁楼式货架可以有效增加空间使用率，通常上层用来存放轻型物品，不适合重型搬运设备行走，上层物品的搬运需配装垂直输送设备。

5. 悬臂式货架

悬臂式货架（见图1-6）是在立柱上装设外悬臂杆而构成的，适用于存放钢管、型钢等长形的物品。若要放置圆形物品时，可在其悬臂端装设阻挡块以防止滑落。其特点：结构轻巧、载重能力好、空间利用率高；加了搁板后，特别适合空间小、高度低的库房，管理方便，视野宽阔。与普通搁板式货架相比，悬臂式货架利用率更高。

图1-5　阁楼式货架

图1-6　悬臂式货架

6. 后推式货架

后推式货架（见图1-7）是一种高密度托盘存储系统，它是将相同货物的托盘存入二、三和四倍深度又稍微向上倾斜可伸缩的轨道货架上，托盘的存放和取出是在同一通道上进行的，存入时叉车将托盘逐个推入货架深处，取出时托盘借重力逐个前移，因而最先放入的托盘是最后取出的。该种货架主要用于冷库、图书、电子等行业。

7. 旋转式货架

旋转式货架（见图1-8）又称为回转式货架。在拣选货物时，取货者不动，通过货架的水平、垂直或立体方向回转，货物随货架移动到取货者的面前。旋转式货架在存取货物时，可以通过计算机进行自动控制，即货格根据计算机下达的指令，以最近的距离自动旋转至拣货点停止。这种货架的存储密度大，货架间不设通道，与固定式货架相比，可以节省30%～50%的占地面积。由于货架转动，拣货线路简捷，拣货效率高，拣货时不容易出现差错。根据旋转方式不同，可分为垂直旋转式、水平旋转式两种。

图1-7　后推式货架

图1-8　旋转式货架

1）垂直旋转式货架。垂直旋转式货架类似垂直提升机，在两端悬挂有成排的货格，货架可正转，也可以反转。

2）多层水平旋转式货架。多层水平旋转式货架是一种拣选型货架，这种货架各层可以独立旋转，每层都有各自的轨道，用计算机操作时，可以同时执行几个命令，使各层货物有序地到达拣选地点，拣选效率高。这种货架主要用于出入库频率高、多品种拣选的仓库。

三、装卸搬运设备

（一）库内起重设备

库内起重设备是指将货物吊起，在一定范围内做水平移动的机械。在仓库中使用的起重设备主要是起重机，其主要有两种类型：桥式起重机和悬臂起重机。

1. 桥式起重机

桥式起重机（见图1-9）是桥架在高架轨道上运行的一种桥架起重机，又称天车。桥式起重机的桥架铺设在两侧高架的轨道上纵向运行，起重小车沿铺设在桥架上的轨道横向运行，构成一个矩形的工作范围，这样就可以充分利用桥架下面的空间吊运物料，不受地面设备的阻碍。

2. 悬臂起重机

悬臂起重机（见图1-10）有立柱式、壁挂式和平衡式三种形式。立柱式悬臂起重机由立柱和悬臂组成，其悬臂可绕固定于基座上的定柱回转，或与转柱连接，由基座支撑一起相对于垂直中心线转动。它适用于起重量不大，作业服务范围为圆形或扇形的场合，一般用于机床等的工件装车和搬运。

图1-9 桥式起重机

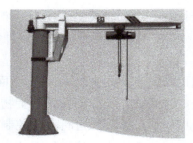
图1-10 悬臂起重机

壁挂式悬臂起重机一般固定在墙壁上，或者沿墙上或其他支撑机构上的高价轨道运行。其使用场合为跨度较大、建筑高度较大的车间或仓库，尤其在墙壁附近处吊运作业较频繁时最适合。壁挂式悬臂起重机多与上方的梁式或桥式起重机配合使用，在靠近墙壁处服务于一长方体空间，负责吊运轻小物件，大件由梁式或桥式起重机承担。

平衡式悬臂起重机俗称平衡吊，是运用四连杆机构原理使载荷与平衡配重构成一平衡系统，可以采用多种吊具灵活而轻松地在三维空间吊运载荷。平衡式悬臂起重机灵活轻巧，是一种理想的吊运小物件的起重设备，被广泛用于工厂车间的机床上下料，工序间、自动线、生产线的工件和砂箱吊运，零部件装配，以及车站、码头、仓库等各种场合。

（二）库内传输设备

库内传输设备普遍使用的是输送机。输送机是在一定的线路上连续输送物料的物料搬运设备，又称连续输送机。输送机可以进行水平、倾斜和垂直输送，也可组成空间输送线路，输送线路一般是固定的。输送机输送能力大、运距长，还可在输送过程中同时完成若干工艺操作，因此应用非常广泛。输送机可应用于收货入库和出库货物作业，也可作为拣选系统的基本设备。

根据用途和所处理货物形状的不同可分为带式输送机（见图1-11）、辊子输送机（见图1-12）、链式输送机、重力式辊子输送机、伸缩式棍子输送机和电驱动式输送机等。

图1-11 带式输送机

图1-12 辊子输送机

（三）库内装卸搬运车辆——叉车

1. 叉车的概念

叉车是指具有各种叉具，能够对货物进行升降和移动以及装卸作业的搬运车辆。在仓储作业过程中,叉车是比较常用的装卸设备,有万能装卸机械之称,其种类很多。

2. 叉车的分类

(1) 按动力方式分类:

1) 发动机叉车。发动机叉车又分为汽油机式叉车和柴油机式叉车,其中最常用的是汽油机式叉车,其特点是重量较轻,操作方便,输出功率大,价格便宜。

2) 电动机式叉车。以蓄电池为动力源,操作简单,不排放废气,也无噪声,在仓库和配送中心应用较多。

3) 手动式叉车。手动油压叉车,由于无动力,使用维护简便,起重能力较低。

(2) 按特性和功能分类:

叉车按特性和功能分类有平衡重式叉车、前移式叉车和侧叉式叉车三种基本类型,这三种也是常用类型。除此之外,还有叉腿式叉车、集装箱叉车、拣选叉车、步行叉车、堆垛叉车等。

(3) 按起重能力分类:

按起重能力可分成各个不同起重级别的叉车,一般为1～10t,不同领域也有使用0.14～40t起重级别的叉车。

3. 主要叉车类型介绍

(1) 平衡重式叉车。这种叉车依靠车体和车载平衡、重量与起重货物重量平衡。其特点是,为保持平衡,其自重大,轮距大,行走稳定,转弯半径大。平衡重式叉车(见图1-13)分为内燃机式和蓄电池式两种。一般而言,蓄电池式车身小巧,较为灵活,但一般都是小吨位车。平衡重式叉车主要用于车站、工厂、货场等领域,尤其适用于路面较差、搬运路线较长的场合。

(2) 前移式叉车。前移式叉车的主要特点是,车前部有跨脚插腿,跨脚前端装有支柱,和车体的两轮形成车轮支撑,作业时重心在四个轮支撑面上,因而比较稳定,其门架和货叉可以前后移动,以便于取货及卸货。

前移式叉车(见图1-14)转弯半径小,可减小通道宽度。由于平衡重量的问题,其自重轻,约为250kg。前移式叉车主要靠蓄电池提供动力,行走速度较慢,且轮子半径较小,对地面要求较高。其主要用于室内仓库和配送中心及工厂厂房内,尤其在运行地域狭小之处宜选用这种叉车。

(3) 侧叉式叉车。侧叉式叉车(见图1-15)车体较大,自重也较大。叉车门架和货叉在车体一侧,而不在车体前方。其主要特点有两个:一是在入库作业时,车体从通道进入后,车叉面向货架或货垛,在装卸作业时不必先转弯,这样可以在窄通道中作业,可节约通道的占地面积,提高仓容率。二是有利于装卸条形物。叉上长尺寸物后,长尺寸物与车体平行,作业方便,在运行时货物放在侧面台板上,运行也方便。

(4) 拣选叉车。拣选叉车(见图1-16)的主要特点:操作者能随装卸装置一起在车上进行拣货作业,当叉车移动到某一货位前时,货叉取出货盘,操作人员将所需数量拣出,再将货盘放回。拣选叉车是适应拣选式配货而使用的叉车,在操作小批量、多品种的拣货作业时,这种叉车与高层货架配合,形成一种特定的拣选工艺。拣选叉车又分为低位拣选叉车和高位拣选叉车。

图1-13　平衡重式叉车　　图1-14　前移式叉车　　图1-15　侧叉式叉车

由于拣货者与叉车同时升降，因此这种叉车的安全性要求较高，一般采用电动叉车，且起重量不大，行走稳定。在现代物流设施中，随着配送中心数量和拣货作业数量的增加，这种叉车显得越来越重要。

（5）手动叉车。手动叉车（见图1-17）无动力源，由人工用手推动叉车，通过液压设备，手动液压柄起降货叉。这种叉车可由工人人力操作，灵活机动，操作简单方便，价格便宜。因此，从追求合理化角度看，在某些不需要大型机械的地方，可以有效地使用此类叉车。手动叉车起重能力较小，不同型号叉车的起重能力为200~1 000kg，起重高度一般为77~1 500mm，在小件货物精品仓库、商店、配送中心可广泛使用。

（6）电动式人力叉车。电动式人力叉车（见图1-18）类似于手动叉车，也是一种轻便型叉车。这种类型的叉车有不同的结构，可以是电动行驶及操作货叉，工人步行随机操作；也可以是人力移动叉车，电力操纵货叉。

（7）多方向堆垛叉车。多方向堆垛叉车（见图1-19）在行进方向两侧或一侧作业。其货叉能旋转180°，向前、左、右三个方向进行货叉作业。这种类型的叉车又有一些具体的品种，如仅能在前进方向左方或右方作业的横向堆垛叉车，以及能在三个方向任意作业的堆垛叉车。

图1-16　拣选叉车　　图1-17　手动叉车　　图1-18　电动式人力叉车　　图1-19　多方向堆垛叉车

四、其他仓储设备

（一）托盘

1. 托盘的概念

托盘是用于集装、堆放、搬运和运输的放置作为单元负荷的货物或制品的水平平台装置。在平台上集装一定数量的单件货物，并按要求捆扎加固，组成一个运输单位，便于运输过程中使用机械设备进行装卸、搬运和堆存。托盘是现代工业生产、运输、储存及包装的一种重要的工具，随着机械化的提高，其使用量越来越大。托盘运输是货物按照一定要求成组装在一个标准托盘上组合成为一个运输单位并便于利用铲车进行装卸、搬运和堆存的一种运输方式，它是成组运输的初级形态。

叉车与托盘的共同使用，形成了有效的装卸系统，大大促进了装卸活动的发展，使装卸机械化水平大幅度提高，使长期以来运输过程中的装卸瓶颈得以解决或改善。所以，托盘的出现有效地促进了物流全过程水平的提高。

2．托盘的分类

（1）按托盘结构不同分类：

1）平板托盘（见图1-20）。其由双层板或单层板另加底角支撑构成，无上层装置。平板托盘是托盘中使用量最大的一种，可以说是托盘中的通用托盘。平板托盘按盛托货物台面不同分为单面型、单面使用型、双面使用型和翼型四种；按叉车叉入方式不同分为单向叉入型、双向叉入型、四向叉入型三种，使用四向叉入型托盘，叉车可从四个方向进叉，因而作业比较灵活；按制造材料不同分为木制托盘、金属托盘、塑料托盘和纸制托盘四种。

2）箱形托盘（见图1-21）。其以平板托盘为底，上面有箱形装置，箱板有固定式、折叠式和可卸式三种；四壁围有网眼板、栅格板或普通板，顶部可以有盖也可以无盖。箱式托盘的主要特点：一是防护能力强，可有效防止塌垛，防止货损；二是由于四周有护板护栏，这种托盘装运范围较大，不仅能装运可码垛的整齐形状包装货物，也可装运各种异形不能稳定的物品。

3）柱形托盘（见图1-22）。其以平板托盘为底，四角有支柱，横边有可以移动的边轨，托盘装货时便于按照需要调整长度或高度。柱形托盘的柱子部分用钢材制成，按柱子固定与否分为固定式和可卸式两种。其主要作用在于：一是防止托盘上置货物在运输、装卸等过程中发生塌垛；二是利用柱子支撑承重，可以将托盘货载堆高叠放，而不用担心压坏下部托盘上的货物。

4）轮式托盘（见图1-23）。其基本结构是在柱式和箱式托盘下部装有小型轮子，这种托盘不仅具有一般柱式和箱式托盘的优点，还可以利用小轮子做小距离运动，也可利用轮子做滚上滚下的装卸，有利于装放车内或船内后，移动其位置。此外，轮式托盘在生产物流系统中，还可兼做作业车辆。

5）特种专用托盘（见图1-24）。对某些较大数量运输的货物，可制造出装载效率高、装运方便、适于某种物品特殊要求的专用托盘。现在各国采用的专用托盘种类不可计数，都在某些特殊领域发挥作用。

图1-20　平板托盘　　图1-21　箱形托盘　　图1-22　柱形托盘　　图1-23　轮式托盘　　图1-24　特种专用托盘

（2）按照托盘材质的不同分类：

1）木制托盘（见图1-25）。木制托盘是物流操作层面的基本载体，是最基本的物流单元化器具。木制托盘与叉车配合,可实现物料的机械化搬运工作;木制托盘与货架的结合应用,可实现对物料的有序堆垛存放,并大幅度提高空间的利用率。

2)塑料托盘(见图1-26)。塑料托盘与金属托盘、木制托盘相比具有质轻、平稳、美观、整体性好、无钉无刺、无味无毒、耐酸、耐碱、耐腐蚀、易清洗消毒、不腐烂、不助燃、无静电火花、可回收等优点,使用寿命是木制托盘的5~7倍。它是现代化运输、包装、仓储的重要工具,是国际上规定的用于食品、水产品、医药、化学品等各行业之储存必备器材。由于其成本较高,使用还未普及。

常见的塑料托盘根据制造材料与工艺的不同可分为注塑托盘、中空吹塑托盘、DIG塑料托盘以及韩国塑料托盘等。

3)金属托盘(见图1-27)。金属托盘由两部分组成,上部是可折叠的卡板箱,下部是托盘。其显著优点是承重能力强、结构牢靠、不易损坏;缺点也是很明显的,即自身重量大、容易锈蚀。

4)纸制托盘(见图1-28)。纸制托盘可有效解决上述托盘重量大、成本高等问题,因无虫害、环保、价格低廉以及承载能力强等优点,逐渐成为关注的焦点。

图1-25 木制托盘　　图1-26 塑料托盘　　图1-27 金属托盘　　图1-28 纸制托盘

3．托盘运输的特点

(1)搬运或出入库场都可用机械操作,减少货物堆码作业,从而有利于提高运输效率,缩短货运时间,减小劳动强度。

(2)以托盘为运输单位,货物件数变少,体积重量变大,而且每个托盘所装数量相等,既便于点数、理货交接,又可以减少货损货差事故。

(3)投资比较小,收效比较快。

(4)托盘可回收利用,但组织工作难度较大,会浪费一部分运力。

4．托盘运输的局限性

(1)托盘承运的货物范围有限,最适合托盘运输的货物有纸箱装罐头食品、硬纸盒装消费品和袋装的货物等比较小的包装商品。大的、形状不一的家具、机械以及散装货物,则不适合采用托盘运输。

(2)托盘运输设备本身成本较低,但会增加托盘的运输费用,同时由于增加了托盘的重量和体积,也相应减少了运输工具载量。

(3)托盘运输向成组运输前进了一步,但它的效果还不足以改变传统的流通方式,特别是不能满足国际多式联运的要求。例如,它不能像集装箱那样,可以密封过境或快速转换各种运输方式。

5．采用托盘运输应注意的事项

(1)托盘装载货物的范围有一定限制,不是所有的货物都可以用托盘运输。适用托盘运输的货物以包装件杂货为限,散装、超重超长或冷藏货物均不能以托盘运输。危险货物以托盘运输时，切勿将性质不同的危险货物装在同一托盘上。

（2）必须符合托盘积载的规定。例如，同一批货装于每个托盘上的数量和重量必须保持一致，不能有多有少；不同收货人的货物不能装在同一托盘上；托盘平面应该全部装载货物，码齐放平。

（3）每次载货时，托盘必须捆扎牢固，使其具备足够的强度和稳定性，既能承受一般海上风险，也能经受装卸和移动操作，其上面要能承受一定的压力。

（4）货物以托盘运输时，必须在所有运输单证上注明"托盘运输"字样。在提单上除列明一般必需的项目外，还需要列明托盘数量和托盘上装载货物的件数。因为这关系到一旦货物发生丢失或损坏按什么标准计算和赔偿的问题。

（二）计量设备

计量设备是在商品进出库的计量、点数以及在库盘点、检查过程中经常使用的度量衡设备。

1. 电子收货系统

电子收货系统即当货物到达仓库时，管理员持扫描器扫描托盘或包装箱上的条码，系统自动取消接收订单，从而使货物信息进入仓库管理系统，与订单进行电子核对。该系统可以实现货物快速登记，缩短收货时间，同时由于信息无须人工输入，大大提高了效率和准确率。

2. 电子秤

电子秤是一种由承重和传力机构、称重传感器、测量显示仪以及电源等组成的现代化衡器，它具有操作简单、称重速度快的特点，可以数字显示并自动记录称重结果。

五、配送设备

（一）冷藏车

冷藏车是用来运输冷冻或保鲜的货物的封闭式运输车，通常装有制冷设备和聚氨酯隔热箱，常用于运输冷冻食品、奶制品、蔬菜水果、疫苗药品等。

对于冷藏车，其特点：①密封性。冷藏车货柜需要保证严格的密封来减少与外界的热量交换，以保证冷藏柜内保持较低温度。②制冷性。加装的制冷设备与货柜连通并提供源源不断的制冷，保证货柜的温度在货物储存允许的范围内。③轻便性。冷藏车运输的货物通常不能长时间保存，虽然有制冷设备，但仍需较快送达目的地。④隔热性。冷藏车的货柜类似集装箱，但由隔热效果好的材料制成，以便减少热量交换。

（二）危险品运输车

危险品运输车（见图1-29）是一种排气管前置并装有防火花设置，用来运送石油化工品、炸药、鞭炮等危险品的专用车辆。一般来说，危险品运输车有不封闭车厢和封闭车厢两种。不封闭车厢主要用来运输鞭炮等危险品，封闭车厢一般为罐装车，主要用来运输石油化工品等液体危险品。危险品运输车配备ABS系统装置，实行运输过程全程监控，并配置有防撞条、防静电等设施，安全可靠。

（三）配送无人机

配送无人机（见图1-30）即通过操纵无线电遥控设备和自备的程序控制装置来运载包裹的无人驾驶的低空飞行器，可装包裹自动送达目的地。其优点主要是解决偏远地区的配送问题，提高配送效率，同时减少人力成本；缺点主要是恶劣天气下无人机可能无法送货，以及在飞行过程中无法避免人为破坏等。

（四）智能配送机器人

京东已研发出专门进行快递包裹配送的人工智能机器人（见图1-31）。2017年6月18日，京东智能配送机器人在中国人民大学顺利完成全球首单配送任务。作为整个物流系统末端配送的最后一环，智能配送机器人所具备的高负荷、智能化、全天候工作等优点，将为物流行业的"最后一公里"带去全新的解决方案。

图1-29　危险品运输车

图1-30　配送无人机

图1-31　京东智能配送机器人

六、智能仓设备

（一）智能仓认知

所谓智能仓，即通过对各种智能化设备、系统的应用，改善升级传统仓库的作业流程、场景，确保货物在仓库管理中的各个环节数据输入的速度和准确性，能够及时准确地掌握库存的真实数据，完成订单任务。智能仓具有大幅度降低人员的作业强度及投入成本、准确执行仓储作业等优势。

针对传统仓库在存储货物、业务数据反馈、仓储作业操作、商品管理方式等方面的不足，智能仓具有很多优势，例如：可以提升仓储作业安全性，规范仓储作业流程；可以减少人员依赖性，降低作业人员劳动强度；可以降低商品库存，提升仓库货位利用率；甚至可以改善仓库的作业效率，提高订单完成度、订单准确率。

智能仓库与传统仓库的区别主要看设备类型、拣选方式，这些是区分仓库是否智能、智慧的主要标志。表1-1中归纳了传统仓库与智能仓库的区别。

表1-1　传统仓库与智能仓库的区别

对比项目		传统仓库	智能仓库
不同点	存储设备	静止状态的货架	可移动式货架
	搬运设备	手推车、叉车等	AGV仓储机器人等智能设备
	拣选人员	根据订单、扫描枪等信息在拣选区寻找货物	等候在工作站旁由人工进行拣选作业
共同点	原则	将相关性强的商品就近存储，出库频率高的靠近出入口处存放	
	目的	缩短拣选路程、减少拣选时间、提高作业效率	

（二）智能仓自动化设备

智能仓自动化设备主要实现搬运、拣货、存取三大场景的无人化作业。在搬运作业场景中主要应用的自动化设备是AGV/AMR机器人，在拣货作业场景中主要应用的自动化设备是机械臂，在存取作业场景中主要应用的自动化设备是AGV移动货架。

1．AGV机器人

"货到人"模式的智能仓库一般会采用AGV仓储机器人作为自动化搬运设备。AGV全称是Automated Guided Vehicle，译为"自动导引运输车"，也可称为AGV机器人（见图1-32）。AGV机器人是装备有电磁、光学或其他自动导引装置，能够沿着规定的导引路径行进的无人驾驶运输车。AGV机器人有行动快捷、工作效率高、结构简单、可控性强、安全性好等优势，在自动化物流系统中能充分地体现其自动化和柔性，实现高效、经济、灵活的无人化物流作业。AGV机器人经常应用在仓储领域、机场、邮局、烟草业、医药业、危险场所和特种行业等。

图1-32　AGV机器人

（1）仓储领域（见图1-33）。仓储业是AGV最早应用的场所，用于实现出入库货物的自动搬运。在传统的出入库工作中，需要大量人力共同协作，花费大量时间和精力；而用AGV搬运车实现这一过程，不仅节省了大量时间，而且省去了很多体力活，方便工人操作，并且安全可靠，不会出现货物倒塌等事故。

图1-33　仓储领域

（2）机场和邮局等领域（见图1-34）。AGV可用于机场的行李搬运，方便客户从下飞机到出站这段路程的行走。同时，在邮局、图书馆、码头等场合，物品的运送存在着作业量变化大、动态性强、作业流程经常调整以及搬运作业过程单一等特点。AGV的并行作业、自动化、智能化和柔性化的特性能够很好地满足上述场合的搬运要求。

图1-34　机场和邮局等领域

（3）烟草和医药业等高要求作业场景（见图1-35）。对搬运作业有清洁、安全、无排放污染等高要求的场景中，如烟草、医药、食品、化工等行业中，AGV的应用也受到重视，避免了人为带进细菌、人为搬运误差等问题。

图1-35　烟草和医药业

（4）危险场所和特种行业（见图1-36）。在军事上，为避免不可预测的安全性问题，以AGV机器人的自动驾驶为基础，集成其他探测和拆卸设备，可用于探测地雷、航路验证等场景。在钢铁厂，AGV机器人可用于炉料运送，减轻了工人的劳动强度。在有辐射的场所中，利用AGV机器人进行搬运作业可以避免辐射安全问题，省去了工人进出穿防护服的麻烦。同时，AGV机器人可以在黑暗中准确可靠地运送物品和半成品。

图1-36　危险场所和特种行业

2. 机械臂

机械臂（见图1-37）是一种能模仿人手和臂的某些动作功能，用以按固定程序抓取、搬运物件或操作工具的自动操作装置。机械臂应用在拆垛、码垛、分拣和拣选等多个环节，可进一步提升仓储自动化和无人化水平。机械臂在工业制造领域主要用于拆垛和码垛，可以抓取不同的物品，节省人力；在快递和物流领域主要用于分拣，由于机械臂本身占地面积小和部署柔性高，可以起到节省人力降低成本的作用；在电商和零售领域主要用于拣选货物，可以提升正确率、节省人力和成本。

3. AGV移动货架

AGV移动货架（见图1-38）是配合AGV仓储机器人实现低成本智能自动化的仓储货架，具有结构简单、占地少、价格低廉、使用方便等特点。在作业过程中具有可以大幅度减少重复多余的步骤、减少不必要的人员岗位设置、实现产品质量可追溯等优势，并可以提高货物在储存、分拣等方面的工作效率。

AGV移动货架能适用的商品是有要求的，在"货到人"模式的仓库中，仓储区域中所存储的商品一般为小件商品，具有体积小、重量轻的特点，一般不适合搬运尺寸较长、较重、不易存储的货品。当货架上的某类商品数量不足时，系统会安排AGV机器人搬运货架到补货（入库）站点进行补货操作。为满足众多品种的存储要求，每个种类商品在货架上的存储数量一般较少。

随着电子商务的发展，商家直接面对的是终端消费者，物流由"少品种、大批量"发展到"多品种、小批量"，并且商品到达消费者手中的时间直接影响其购物体验，对仓库的拣选出库作业提出更高的要求，传统仓库的货架形式难以适应这种趋势、满足这种需求，因此，采用可移动式货架实现自动化物流系统是大势所趋。

图1-37 机械臂

图1-38 AGV移动货架

（三）智能仓其他辅助设备

1. 智能扫码机

智能扫码机（见图1-39）通过视觉传感器读取物品上的识别码，自动化完成读码、数据收集、上传等一系列操作。该设备替代传统的人工PDA扫码，能够提升扫码的准确率与效率。

2. PTL电子标签拣货台

PTL电子标签拣货台（见图1-40）通过为每一种货物安装一个

图1-39 智能扫码机

电子标签，能够根据订单数据使相应货物的电子标签亮灯，操作员按照提示进行拣货即可，无须复杂的培训即可上手，并且能够加快拣货的速度。

3．自动循环货柜

自动循环货柜（见图1-41）通过货柜内部的旋转，自动将货物送至出货口，取送物品时无须人力进行搬运、拣选，极大地节省了人力。根据移动方向不同，可分为水平循环货柜、垂直循环货柜等。

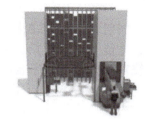

图1-40　PTL电子标签拣货台

4．智能分拣机

智能分拣机（见图1-42）通过识别货物上的订单码，进行自动化分拨，节省人力。依据分拣方式不同，分为交叉带式、滑块式、落袋式、翻盘式、浮出式分拣机等。

图1-41　自动循环货柜

5．自动打包机

智能仓通过部署气泡膜、环保包装袋、自动纸箱等多种包装类型的自动打包机（见图1-43），提高商品打包的自动化程度。

6．工作站

工作站（见图1-44）是拣选人员进行拣选、扫描的操作区域，拣选区域需设计拣选人员的操作空间、AGV机器人在拣选台的排队区域和拣选区域。一般每个拣选台安装一组显示屏、货架以及扫描装置，拣选人员根据显示屏提示的拣选信息进行拣选作业，将拣选出来的货品进行扫描，系统提示拣选完成。

图1-42　智能分拣机

图1-43　自动打包机

图1-44　工作站

七、仓储配套设备的合理选择与应用

（一）仓储配套设备的特点

1．搬运要求较高，但对速度的考虑较少

由于仓库空间有限，对仓库搬运设备的灵活性、安全性等要求高，但是搬运速度不能过快。

2. 标准化程度高

当前，经济全球化特征日益明显，物流装备也需要走向全球化，而只有实现了标准化，才能与国际接轨。通过实现标准化，可以轻松地与其他企业生产的物流装备或控制系统对接。因此，标准化、模块化成为物流设备发展的必然趋势。

3. 机械化、自动化程度高

当前物流作业流程的规划依赖于设施设备的设置，通过设施设备的技术改造改变落后的物流作业流程。比如通过条码技术和射频识别技术的使用，改变靠人力识别、记录、输送物品信息的作业流程；采用托盘技术改变运输、装卸、搬运、储存的作业流程，从而实现机械化操作。

4. 环保性要求越来越高

随着全球环境的恶化与人们环保意识的增强，企业在选用物流配套设备时会优先考虑对环境污染小的绿色产品或节能产品。如采用新的装置与合理的设计，降低设备的震动、噪声与能源消耗量等，使其更加节能、经济。

（二）仓储配套设备选择原则

仓库的设备是仓储设施的重要组成部分，其配置直接影响仓库的自动化水平、运作流程和效率。

仓库空间有限，如何合理利用仓库的空间，重要的原则之一是合理配置仓库设备。在布置仓库设备时，一般应明确区域的划分，并对区域进行编号，把设备的布置用数字或字母等便于进行信息处理的方式标记出来。仓库设备选择的原则如下：

1. 适用性与先进性相结合原则

仓库作业的类型、作业环境、作业量、搬运距离、货物本身的物理化学性质等决定了仓库设备的类型、额定工作能力和数量。仓库设备的配置，必须以能够适应作业的需求为基本原则。仓库的作业量大、作业频繁时，需要充分掌握作业发生的规律，考虑配备作业能力较高的大型专用机械设备；作业量小、作业不频繁时，只要根据作业量的平均水平，配备构造简单、造价低廉而又能保持相当作业能力的中小型通用机械设备即可。

此外，仓库设备都有一定的经济寿命，因此在配置设备时，还要充分考虑仓库或配送中心未来的发展和技术的进步，使设备能够在其经济寿命周期内保持相当的技术先进性和作业空间能力。设备配置就是要在设备的适用性和先进性之间寻找一个适当的均衡点，使设备既能满足需求，又不会因为配置过高导致投资过大及作业能力的浪费。

2. 经济性原则

经济性是衡量仓库系统的重要指标。仓库是一个不直接产生经济效益的物流作业环节，仓库设备的购置成本和使用维修保养成本就直接反映了该环节的经济效益。设备配置的目标就是在满足作业需求和合理的技术先进性的前提下，实现设备在整个购置、安装、运行、维修、改造、更新，直至报废的全过程内的总成本最小。

3. 系统化原则

仓库设备的配套，是保证前后作业相互衔接、相互协调，保证仓库作业连续稳定进行的重要条件。因此，在进行设备配置时，还要对整个仓库系统进行流程分析，充分考虑各个作业工序之间的衔接，以使设备的配置相互适应，减少作业等待时间，提高作业效率。在新建仓库和配送中心时，应将搬运设备的配置与仓库的布局、设施的规划设计同时考虑，使仓库设备与场地条件、周边辅助设备相匹配，这样才能实现仓储设备的整体最优。

项目一 | 储配设施设备与库内安全保养

任务实施

情景一 操作过程

步骤1：知识汇总

开始任务之前，需要认真分析各种常用货架的特点及适合储存产品的种类；各种叉车的特点及适合搬运产品的种类及其包装类型；各种计量设备适合使用的场合等。请对任务一知识链接中讲到的设施设备进行汇总。表例如下，可自行添加行。

种　类	子　类	设施设备名称	特　点	用　途
仓储类	仓库	自由仓库		
	货架	重力式货架		
装卸搬运类				

步骤2：分析题意

利用所学知识，为该仓储公司配备储存设备、装卸搬运设备、计量检验设备等。对上述生产设备逐一进行分析，然后结合该公司储存的商品特点，合理选择适合该公司所需的主要生产作业设备。

步骤3：货架的选择

（说明种类和原因）_____
_____
_____
_____

步骤4：装卸搬运设备的选择

（说明种类和原因）_____
_____
_____
_____

步骤5：计量检验设备的选择

（说明种类和原因）_____
_____
_____
_____

情景二　操作过程

根据所学知识自行撰写方案：

效果评价

序　号	评价内容	满　分	得分结果
1	熟悉各类设施设备的地位	10	
2	熟悉各类设施设备的作用	10	
3	掌握各种仓储设备的性能和特点	15	
4	能合理解决情景一的问题	20	
5	熟悉掌握仓储设备配置的原则	10	
6	熟悉掌握仓储设备的使用要求	15	
7	能合理解决情景二的问题	20	
8	合　　计	100	

任务二　库存物的安全和保养

任务目标

知识目标
- 了解仓库的安全问题。
- 了解仓库常见的火灾隐患。
- 了解仓库安全作业与事故处理。
- 理解库存物的维护和保养的意义。
- 熟悉库存物质量变化的形式。
- 熟悉库存物质量变化的预防措施。

技能目标
- 能够掌握库存物的维护和保养的特殊技术。
- 能够根据货物的属性选择合适的保养方案。

素质目标
- 培养安全意识。
- 培养独立思考的能力。

职业素养：物流仓储
火灾警示片与火灾逃生八招

职业素养　安全意识

推进国家安全体系和能力现代化，坚决维护国家安全和社会稳定

无论是网络、数据、生物、资源还是食品药品的安全都牵扯着国家的安全和社会的稳定。作为物流学子在学习仓库物资安全和保养的同时还要谨记仅仅将物品放在仓库中是不安全的，需要仓管人员的日常检查与保养，否则可能会出现变质、损坏甚至更严重的仓库火灾等事故。因此，需要通过观看物流仓储火灾警示和学习仓库安全作业与事故处理来提升我们的安全意识，掌握面对危险时应采取的安全措施，以便在保护我们自己的同时也能保证仓库物资的安全。

任务情景

情景一：

某制造企业在某地设有仓库，占地面积1 000m²，单层钢筋混凝土结构。要求模拟该仓库的主管为该企业仓库设计合理的消防管理制度。

情景二：

天津A果蔬有限公司与天津B仓储有限公司于2022年10月8日签订一份协议书，约定由B公司为A公司贮藏用编织袋装的茭白671袋，贮藏时间为2022年9月20日至2022年11月20日。协议签订后，B公司履行了协议的约定，可是到11月中旬，B公司突然告知A公司，所贮藏的茭白腐败坏掉，原因是A公司的包装不规范、不科学。经A公司查看后，所贮藏的茭白确已全部变质,给A公司造成了巨大损失,故A公司要求B公司赔偿损失57 590元。

请结合仓储过程中商品养护的相关知识,分析该情景案例,思考以下问题并作答在活页区。

1. 该商品在仓储过程中质量变化的原因是什么?
2. 如何防止这种质量变化?仓储保管人应采取哪些措施?

情景三:

下面是两所学校的食品保管制度,仔细阅读后结合仓储期间商品质量养护知识,完成以下实训任务并作答在活页区。

1. 从这两所学校的食品保管制度中分析影响商品质量变化的因素有哪些。
2. 结合所学的知识给两所学校学生食堂分别设计合理的食品保管方法。

A学校食品保管制度

1. 根据库房设置,各种食品应严格分类,按入库先后批次、生产日期存放,有霉烂、变质食品不能入库,质检员应定期对库存食品进行质量检查。
2. 有毒、有害、易与食品串味的化学物品严禁与食品同库存放。
3. 食品与非食品,原料与半成品,卫生质量差与正常食品,短期存放与长期存放食品,有特殊气味与易吸收气味食品不能混杂堆放。
4. 各种食品之间应有足够间隙,与地板、墙壁有一定距离,熟食品绝不得靠墙着地。
5. 食品储存过程中应注意防霉、防虫、防尘、防鼠及保持适当温湿度。
6. 易腐食品应置入冷藏设备保存;冷藏食品也应分类,按入库先后依次存放,注意搞好防霉、除臭和消毒工作。
7. 应定期对仓库进行清扫与消毒,并注意防止消毒剂对食品的污染。

B学校食品保管制度

1. 凡食品入库前必须做好检查和验收工作,发霉、变质、腐烂、不洁净的食品和原料不准入库。
2. 食品入库后要分类存放且整齐划一;大米不得靠墙或直接放在地面上,以防潮湿、发霉变质;食品采购量根据用量来定,避免存放时间过长降低食品质量。
3. 常进库房检查,发现流变食品要及时报告领导处理,不得食用。
4. 仓库内应保持清洁、卫生、空气流通,要做好防潮、防火、防虫、防鼠、防蝇、防尘等工作。
5. 库房内严禁嬉戏、玩牌、吸烟、住人,非有关工作人员不准入内。
6. 食品出入库要有登记,日清月结,坚持先进先出原则。

知识链接

一、仓库常见的火灾隐患

(一)仓库火灾的主要火源

1. 明火与明火星

明火与明火星主要包括:生产、生活中所使用的灯火、炉火,气焊、气割的火焰,打火机、火柴的火焰,未熄灭的烟头,内燃机械、车辆的排烟管火星,以及飘落的未熄火的爆竹火星等。

2. 自燃

自燃是指物质自身的温度升高,在具备一定条件的情况下,即使没有外界火源也能发生燃烧的现象。容易发生自燃的物质有粮食谷物、煤炭、化纤、棉花、部分化肥、油污的棉纱等。

3. 雷电与静电

雷电是带有不同电荷的云团接近时瞬间发生放电现象而形成的电弧,电弧的高能量能造成易燃物的燃烧。静电则是因为感应、摩擦使物体表面集结大量电子，向外以电弧的方式传导的现象，它同样也能使易燃物燃烧。液体容器、传输液体的管道、工作的设备、高压电器、运转的输送带、强无线电波等都会发生静电现象。

4．电火

用电超负荷、电线短路、漏电引起的电路电火花、设备的电火花、电气设备升温等都会引起燃烧。

5．化学燃烧反应和爆炸性火灾

一些化学反应会释放较多的热量，有时甚至会直接燃烧，从而引起火灾，如活泼轻金属遇水产生的燃烧反应、硫化亚铁碱化燃烧、高锰酸钾与甘油混合燃烧等引起的火灾；爆炸性的物品在遇到冲击、撞击发生爆炸时会引发火灾；一定浓度的易燃气体、易燃物的粉尘，遇到火源也有可能引发爆炸。

6．聚光

太阳光的直接照射会使物体表面温度升高，如果将太阳光聚合形成强烈的光束，会导致温度过高而引起易燃物燃烧。镜面的反射、玻璃的折射都可能造成聚光现象。

7．撞击和摩擦

金属或者其他坚硬的非金属，在撞击时会引发火花，容易引起附近的易燃物品燃烧。物体长时间摩擦也可能升温导致燃烧。

8．人为破坏

这是指人为地恶意将火源引入仓库而引起的火灾。人为故意引火是一种犯罪行为，纵火人要受到刑事处罚。

（二）常见的火灾隐患

对常见的火灾隐患进行分类有利于做好防火和灭火工作。在防火工作中，一般将火源分为直接火源和间接火源两种。也可从灭火方法的角度对火灾进行分类，通常可分为以下几类。

1．普通火灾

普通火灾指普通可燃固体所发生的火灾，如木料、化纤、棉花、煤炭等发生的火灾。普通火焰虽然燃烧扩散较慢，但会深入燃烧物内部，灭火后重燃的可能性极高。普通火灾应使用水进行灭火。

2．电气火灾

电气火灾指电器、供电系统漏电所引起的火灾，以及具有供电系统的仓库所发生的火灾。其特征是在火场中还有供电存在，有可能使员工触电；另外，由于供电系统的传导，还会在电路的其他地方产生电火源。因此在发生这类火灾时，要迅速地切断供电，采用其他安全方式照明。

3．油类火灾

油类火灾指各种油类、油脂发生燃烧引起的火灾。油类属于易燃品，且具有流动性，因而会迅速扩大着火范围。油类轻于水，会漂浮在水面，随水流动，因此不能用水灭火，只能使用干粉、泡沫等灭火材料。

4．爆炸性火灾

容易引发爆炸的商品，或者火场内有爆炸性物品，如可发生化学爆炸的危险品及可发生物理爆炸的密闭容器等都可造成爆炸性火灾。爆炸不仅会加剧火势，扩大燃烧范围，更危险的是会直接造成人身伤害。发生这类火灾时，首要的工作是保证人身安全，迅速撤离人员。

二、仓库消防管理

（一）防火与灭火方法

1. 防火方法

燃烧三要素即可燃物、助燃物、着火源（温度），共同作用才能燃烧，防火工作就是使三者分离，不发生相互作用，从而避免火灾。

（1）控制可燃物。通过减少或者不使用可燃物，或将可燃物进行难燃处理，可有效防止火灾。如仓库建筑采用不燃材料或难燃材料，易燃商品使用难燃材料包装，用难燃材料覆盖可燃物等；通过通风的方式可使可燃气体及时排出，洒水可减少可燃物扬尘等。

（2）隔绝助燃物。对于易燃物采取封闭、抽真空、充惰性气体、浸泡的方法，用不燃涂料喷涂易燃物，可使易燃物不与空气直接接触从而防止燃烧。

（3）消除着火源。通过消除仓库内的着火源可达到防火的目的。由于仓库不可避免地要储藏可燃物，而隔绝空气的操作需要较高的成本，因而仓库防火的核心就是消除着火源。消除着火源也是灭火的基本方法。

2. 灭火方法

灭火是可燃物已发生燃烧时采取终止燃烧的措施。常用的灭火方法有以下几种：

（1）冷却法。冷却法即将燃烧物的温度降低到燃点以下，使其不能气化，从而阻止燃烧。常用的冷却法是用大量冷水、干冰等降温。

（2）窒息法。窒息法即减少火苗附近的氧气含量，使燃烧不能继续。窒息法主要有：封闭窒息法，如将燃烧间密闭；充注不燃气体窒息法，如充注二氧化碳、水蒸气等；不燃物遮盖窒息法，如用黄沙、惰性泡沫、湿棉被等覆盖着火物。

（3）隔绝法。隔绝法即将可燃物减少、隔离以阻止燃烧。发生火灾时，迅速将未着火的商品撤离，可避免火势扩大。隔绝法是灭火的基本方法，一方面能减少受损商品的数量，另一方面能起到控制火势的作用。发生火灾时，首要的工作就是将火场附近的可燃物撤离或者用难燃材料将其隔离。

（4）化学抑制法。化学抑制法即通过喷洒化学物质，使其在燃烧物表面发生化学反应，产生降温、隔绝氧气等效果来消除燃烧。

（5）综合灭火法。火灾的危害性极大，而且当火势迅猛时，基本无法控制。发生火灾时要及时采取各种能够采用的灭火方式，不能依赖单一的方法。例如封闭库房和库外喷水降温同时进行，或是商品搬离火场和释放灭火剂同时进行等。

在共同使用多种灭火方式时，要注意避免所采用的手段互相干扰，降低灭火效果。如采用泡沫灭火剂时，不能用水冲，除非有大量的水源能够代替不足的泡沫；酸性灭火剂不能与碱性灭火剂共同使用等。

3. 特殊火灾的扑救

（1）电气设备引起火灾的扑救。电子线路或电气设备发生火灾，由于是带电燃烧，所以蔓延迅速。如果扑救不当，可能会引起触电事故，扩大火灾范围，加重火灾损失。

1)断电灭火。电子线路或电气设备发生火灾,如果没有及时切断电源,扑救人员身体或所持器械可能触及带电部分而造成触电事故。因此发生火灾后,应沉着果断,先设法切断电源,然后组织扑救。

2)带电灭火。有时为了争取时间,防止火灾扩大蔓延,来不及切断电源,或因生产需要及其他原因无法断电,则需要带电灭火。

需特别强调的是,在没有切断电源时千万不能用水冲浇,而要用沙子或四氯化碳灭火器灭火,只有在切断电源后才可用水灭火。

(2)化学危险品火灾的扑救。化学危险品容易发生火灾、爆炸事故,但不同的化学品以及在不同情况下发生火灾时,其扑救方法差异很大,若处置不当,不仅不能有效扑灭火灾,反而会使灾情进一步扩大。此外,由于化学品本身及其燃烧产物大多具有较强的毒害性和腐蚀性,极易造成人员中毒、灼伤,因此,扑救化学危险品火灾是一项极其重要又非常危险的工作。扑救化学品火灾时,应注意:① 灭火人员不应单独灭火;② 出口应始终保持清洁和畅通;③ 要选择正确的灭火剂;④ 灭火时还应考虑人员的安全。

(二)消防设施和灭火器

1. 消防设施

库房内应设室内消防给水,同一库房内应采用统一规格的消火栓、水枪和水带,水带长度不应超过25m。四层以上的仓库建筑应设置水泵接合器。对于面积超过$1\,000m^2$的储存纤维及其制品的仓库,应设置闭式自动喷水灭火系统。消防用水可由消防水池、水管网、天然水源供给,但水压及供水量必须满足要求。寒冷季节,要采取必要的防冻措施防止消防用水系统损坏。

2. 灭火器和灭火剂

灭火器是一种轻便的容器,里面装有灭火剂。发生火灾时,使用灭火器内的灭火剂可扑灭火源。灭火器应布置在仓库的各个出入口附近指定位置,是应急灭火的最重要器材。

(1)水,作为最常用的灭火剂,能起隔绝空气、降温冷却、冲击火焰的灭火作用。除了由于电、油和轻于水并且不溶于水的液体、碱金属引起的火灾外,其他火灾都能用水扑灭。

(2)泡沫灭火器,又分为空气泡沫和化学泡沫。由于泡沫较轻,在可燃物的表面覆盖,可起到阻隔空气的作用,使燃烧停止。泡沫灭火器主要用于油类火灾,也可以用于普通火灾的灭火。

(3)二氧化碳灭火器,又称为干冰灭火器。液态的二氧化碳在气化时大量吸热,可降温冷却,同时二氧化碳本身具有窒息作用可以用来灭火,最适用于电气设备、气体燃烧引发的火灾,以及办公地点、封闭仓库发生火灾的灭火。二氧化碳灭火的优点是它可以及时气化,不留痕迹,不会损坏未燃烧的物品;但二氧化碳对人体同样具有窒息作用,在使用时要注意防止对人体造成伤害。

(4)干粉灭火器,比如碳酸氢钠粉等干燥、易流动、不燃、不结块的粉末,可起到覆盖窒息的作用,还能阻止燃着的液体的流动。

(5)"1211",即二氟一氯一溴甲烷,是一种无色透明的不燃绝缘液体。1211灭火器通过高压液化存储在高压钢瓶内。灭火时对着着火物释放,通过降温、隔绝空气,形成不燃覆盖层灭火。其灭火的效率比二氧化碳高3~4倍，适合于油类火灾、电气火灾的扑灭。

此外，沙土也是一种很好的灭火剂。对于小面积火灾，使用沙土覆盖灭火是一种有效的手段。由于沙土本身具有惰性、不燃，并且重量较大，具有较好的覆盖镇压能力，因此适于氧化剂、酸碱性物质、遇水燃烧物质的灭火，同时沙土能吸收液体，阻止流动，也是扑灭液体火灾的主要材料。

（三）仓库消防管理措施

仓库集中储存着大量的商品。从仓库不安全因素及危害程度来看，火灾造成的损失最大，它可以在很短的时间内，使整个仓库变成一片废墟，对国家财产和人民生命安全造成极大的损失。仓库消防管理措施包括：

（1）普及防火知识。坚持经常性的防火宣传教育，普及消防知识，让每个员工都学会基本的防火灭火方法，不断提高全体仓库员工的防火警惕性。

（2）遵守相关法律法规。新建、改建的仓库要严格遵照国家标准《建筑防火通用规范》（GB 55037—2022）的规定，不擅自搭建违章建筑，也不随意改变建筑的使用性质。仓库的防火安全间距内不得堆放可燃品，不得破坏建筑物内已有的消防安全设施，消防通道、安全门、疏散楼梯要保持畅通。

（3）易燃易爆危险品仓库必须符合防火防爆要求。凡是储存易燃、易爆物品的危险品仓库，进出车辆和人员必须严禁烟火。储存危险品应专库专储，性能相抵触的商品必须严格分开储存和运输，并防止剧烈震动和撞击。易燃易爆危险品仓库内，应选用不会产生电火花的电器开关。

（4）电气设备应始终符合规范要求。仓库中的电气设备不仅安装时要符合规定要求，不超负荷使用，而且要经常检查，一旦发现绝缘损坏要及时更换，不使用不合规格的保险装置。电气设备附近不能堆放可燃物品，工作结束应及时切断电源。

（5）明火作业须经消防部门批准，方可作业。若需电焊、气割、安装锅炉等，要有防火安全措施，并须经有关的消防部门批准。

（6）按照消防规程要求配备适量的消防设备和火灾报警装置。根据仓库的规模、性质、特点，配备一定数量的防火灭火设备及火灾报警器，按防火灭火的要求，将它们分别布置在明显和便于使用的位置，并定期对它们进行维护和保养。

（7）遇到火灾或爆炸应立即报警。如果遇到仓库发生火灾或爆炸事故，必须立即向当地的公安消防部门报警。事后认真调查事故原因，查处责任人。

三、仓库事故处理

（一）仓库事故的分类

根据仓库事故发生的性质、原因、后果、责任的不同，可将其划分为不同的种类或等级。

1. 按照事故的性质分类

按照仓库事故的性质，可将其分为如下几类：

（1）政治事故。政治事故指有政治目的或私欲的有意识的破坏活动，而导致爆炸、燃烧、偷盗等事故的发生，造成极坏的政治影响。

（2）责任事故。责任事故指由于收发、门卫、操作等工作人员的失误或责任心不强而导致商品数量差错、变质、损坏、丢失或电路起火等事故的发生。责任事故又可分为业务责任事故和行政责任事故。前者是指业务人员在组织作业时，使商品受损的事故；后者是指非专业人员组织作业时发生的事故。

（3）技术事故。技术事故指由于缺乏业务知识，员工在作业过程中操作不规范或不了解设施设备的使用方法而造成的损失。

（4）产品质量事故。产品质量事故指由于产品设计结构不合理、生产工序工艺存在严重质量隐患，使得其在存储或使用中发生失效、自燃、自爆等事故。

（5）天然事故。天然事故是指由于不可抗力，如洪水、雷电、地震、滑坡等原因造成的仓库物资受损。

2．按照事故的后果分类

按照仓库事故的后果，可将其分为如下两类：

（1）人员伤亡事故。人员伤亡事故按伤害后果或丧失劳动能力程度可分为死亡、永久性全部丧失劳动能力、永久性部分丧失劳动能力和暂时性丧失劳动能力。

（2）经济损失事故。经济损失有人身伤亡支出的费用、善后处理费用、财产损失等直接经济损失和工作日损失、处理环境污染的费用等间接经济损失两种。按事故经济损失的严重程度可分为一般损失事故、较大损失事故、重大损失事故和特大损失事故。

3．按照事故的等级分类

事故等级是根据事故造成损失的严重程度或对社会的影响程度进行划分的，一般可划分为一等事故、二等事故、三等事故、四等事故和五等事故。

（二）仓库事故的处理措施

仓库事故的发生是由各种原因引起的，归纳起来主要是两大因素作用的结果：人的不安全行为和物品的不安全状态。仓库事故发生后应组织事故调查小组，根据事故的性质、后果拟订调查计划，确定调查步骤，做好调查记录，采用科学的方法对事故的萌芽、产生、发展和后果四个阶段进行分析，并严格按照事故责任确定的原则，确定责任类别（全部责任、主要责任、一定责任和领导责任），而后进行处理。

1．相关人员的处理

事故相关人员主要有事故中伤亡人员、责任人和有功人员。根据相关的抚慰政策对事故中伤亡人员给予妥善安置和处理；依照相关法律、规章制度等的有关规定，根据责任人责任轻重，予以处罚或处理；按照有关规定对事故中表现突出的有功人员进行表彰和奖励。

2．事故损失的处理

仓库事故的发生，会造成不同程度的损失。应按照有关的规定和程序进行处理：可修复的，制订计划报请有关部门批准，予以修复；报废的，报请有关部门审批；涉及责任人的，应按相关规定进行赔偿；已办理相应保险的，向保险公司进行索赔。

3．总结教训

事故发生后，应认真总结教训。根据事故发生的原因、后果及各种影响因素，进行分析、总结，找出薄弱环节，提出相应的改进措施，不断提高认识，以便更好地指导今后的工作。

4．建立预警机制

在总结教训的基础上，有针对性地采取防范措施，提出预防事故的目标和要求，制定有关的规章制度，加强人员的思想教育，提高安全防范意识，使各项措施落到实处，以更好应对各种突发事故。

仓库发生事故后应建立健全事故报告制度，使上级业务部门及时了解情况，掌握动态。依据相关资料进行分析，为安全决策提供依据。事故报告的程序一般可分为首次报告、后续报告和调查报告三个阶段。事故报告是事故处理的凭证、复审考核的依据，也是进行事故统计分析的原始资料。

四、库存物的维护与保养

（一）库存物维护和保养的意义

库存物只能在一定的时间内，一定的条件下，保持其质量的稳定性。但在储存过程中由于各种因素的影响，库存物会发生各种变化甚至失去使用价值。因此库存物的养护是流通领域各部门不可缺少的重要工作。随着现代物流技术的发展，库存物养护工作的现状、养护的技术手段都在发生着变化，同时商品流通速度的加快，特别是零库存概念的提出，也为商品的养护提出了一些新的挑战。

（二）库存物质量变化的形式及预防措施

由于库存物受各种内因和外因的影响，所以质量变化种类繁多，但主要有物理机械变化、化学变化、生化变化三大类。

1．物理机械变化

库存物的物理性质是物质本身的一种属性，它是指物质不需要发生化学变化就表现出来的性质，例如颜色、重量、光泽、气味、状态、密度、熔点、沸点、溶解性、延展性、导电性、透水性、透气性、耐热性等。物理机械变化只改变物质的外表形态，不改变其本质，没有新物质的生成，不涉及物质分子化学组成的改变。常发生的物理机械变化主要有：

（1）挥发。挥发是指液体成分在没有达到沸点的情况下成为气体分子逸出液面。大多数溶液存在挥发现象，但是由于溶质的不同而表现出挥发性的不同。挥发的速度受气温的高低、空气流动速度的快慢、液体表面接触空气面积的大小、液面上其他气体的密度等因素的影响。

液态商品的挥发，不仅会使商品数量减少，有的还严重影响商品的质量，特别是有的挥发气体，不仅影响人体健康，甚至还会引起燃烧爆炸。例如各种香精受热易散发香气，质量下降；乙醚、丙酮等挥发出来的蒸气具有毒性和麻醉性，对人体健康有影响；还有些液体商品挥发出来的气体与空气混合成一定比例时，会成为易燃易爆的气体，若接触火星就会引起燃烧或造成爆炸事故等。常见易挥发的商品如白酒、酒精、花露水、香水、医药中的一些试剂、部分化肥农药、杀虫剂、油漆等。

（2）熔化。熔化是指商品受热后发生变软以至变成液体的现象。商品的熔化除受环境温度的影响外，还与商品本身的熔点、商品中杂质种类和杂质含量高低密切相关。熔点越低，越易熔化；反之越难熔化。

常见易熔化的商品如医药商品中的油膏类、胶囊等，百货商品中的香脂、发蜡、蜡烛等，化工商品中的松香、石蜡、硝酸锌等，文化用品中的复写纸、打字纸等。这类商品熔化的结果有的会造成商品流失，有的会使商品与包装粘连在一起，有的商品因产生熔解而体积膨胀，使包装胀破，有的还可能玷污其他商品等。

（3）溶化。溶化是指固体商品在潮湿空气中能吸收水分，当吸收水分达到一定程度时，就溶化成液体的现象。

具有吸湿性的商品在一定条件下会不断地从空气中吸收水分。如果该商品同时又具有水溶性，则该商品与水分接触时，水分扩散到物体中，破坏物体分子中原有的紧密联系，均匀地分散到水溶液里，于是商品逐渐被潮解，以至完全溶化为液体。但是有些商品，如硅胶、纸张、棉花等，虽然它们也有较强的吸湿性，但不具有水溶性，吸收水分再多，也不会被溶化。还有些商品如硫酸钾、过氯酸钾等虽然具有水溶性，但是由于它们的吸湿性很低，所以也不易溶化。由此可见，易溶性商品必须具有吸湿性和水溶性两种性能，在一定条件下，才会被溶化。

（4）渗漏。渗漏主要是指液体商品，特别是易挥发的液体商品，由于包装容器密封不良，或包装质量不符合内装商品的性质要求，或搬运装卸时碰撞震动，而使商品发生跑、冒、滴、漏的现象。

商品渗漏，除与包装材料性能、包装容器结构及包装技术优劣有关外，还与仓储温度变化有关。例如，某些液体商品包装质量较差，有的容器有砂眼、气泡或焊接不严等；有些包装材料耐腐蚀性差，易受潮锈蚀；有的液体商品因气温升高，体积膨胀或汽化，使包装内部压力加大而胀破包装容器；有的液体商品在低温或严寒季节，也会发生体积膨胀造成包装容器破裂；还有些商品如玻璃、陶瓷制品、搪瓷制品、铝制品、皮革制品等，在搬运过程中，受到碰撞、挤压和抛掷等外力作用下，会发生破碎、变形、结块、脱落散开等形态上的变化，致使商品的质量降低或完全丧失其使用价值。

（5）串味。串味是指吸附性较强的物品吸附其他气体、异味，从而改变本来气味的变化现象。商品具有吸附性、易串味的原因，主要是由于其成分中含有胶体物质，或疏松、多孔性的组织结构。常见易被串味的物品有大米、面粉、木耳、食糖、饼干、茶叶、卷烟等；常见易引起其他物品串味的物品有汽油、煤油、桐油、腊肉、樟脑丸、肥皂、化妆品、农药等。

物品串味与其表面状况，异味物质接触面积的大小、接触时间的长短，以及环境中异味的浓度有关。

预防物品串味的主要措施有：对易被串味的物品应尽量采取密封包装，在储存和运输过程中不与有强烈气味的物品同车、船混载或同库储藏，同时还要注意运输工具和仓储环境的清洁卫生。

（6）沉淀。沉淀是指含有胶质和易挥发成分的物品，在低温或高温等因素影响下，部分物质凝固，进而发生沉淀或膏体分离的现象。常见的物品有墨汁、墨水、牙膏、化妆品等。某些饮料、酒在仓储中，也会析出纤细絮状的物质而出现浑浊沉淀的现象。

（7）玷污。玷污是指商品外表沾有其他赃物，或染有其他污秽，而影响商品质量的现象。商品的玷污主要是由生产、储运中卫生条件差及包装不严等造成的。对一些外观质量要求较高的商品,如针织品、服装、精密仪表等要特别注意。

(8)破碎与变形。破碎与变形是常见的机械变化,是指商品在外力作用下所发生的形态上的改变。商品的破碎主要是脆性较大的商品,所谓脆性是指材料在拉伸、冲击等外力作用下仅产生很小的变形即断裂破坏的性质。如陶瓷、搪瓷、玻璃制品等,因包装原因或在运输过程中受到碰、撞、挤、压、抛掷,而破碎、掉瓷、变形等。易发生变形的通常是塑性较大的商品,所谓塑性是指材料承受外力作用时发生形变,除去外力后,不能自动恢复原来的形状的性质。如钢材、橡胶、塑料等,由于受到强烈的外力撞击或长期重压,商品丧失回弹性能,从而发生形态改变。

综上所述,库存物物理机械变化的预防措施是:

- 密封。
- 控温(保持恒定低温)。
- 控制湿度。
- 注意运输/储存时的压力限度。

2. 化学变化

库存物的化学性质是指商品在流通和使用过程中在光线、空气、水、热、酸、碱等各种因素作用下,其成分发生化合、分解、置换、复分解、聚合等化学反应的性质。而在变化中生成其他新的物质的变化,我们称之为化学变化。例如铁生锈、铜在潮湿的空气中变成绿色等。库存物化学变化过程即商品质变过程,严重时会使商品失去使用价值。常发生的化学变化主要有:

(1)氧化。氧化广义上是指在化学反应中物质失电子的反应;而狭义上讲是指商品在空气中氧的作用下发生的反应。例如,棉、麻、丝等纤维织品若长期与日光接触发生氧化,使商品变色变质;桐油制品中桐油被氧化而放热,使温度升高,引起自燃等。商品的氧化现象绝大多数情况下会降低商品的质量,有的会使商品丧失使用价值,更有甚者会发生燃烧爆炸事故。

(2)分解。分解是化学反应的常见类型之一,是化合反应的逆反应。它是指一种化合物在特定条件下分解成两种或两种以上物质的现象。

(3)锈蚀。锈蚀是指金属商品与周围介质发生化学作用或电化学作用而引起的破坏现象。金属制品的锈蚀不仅使制品重量下降,更为严重的是会影响制品的质量和使用价值。

(4)风化。风化是指在室温和干燥空气里,结晶水合物失去结晶水的现象。风化是一个化学变化过程。例如,日常生活中碱块($Na_2CO_3 \cdot 10H_2O$)放置在空气中会失去结晶水,变成粉末状物质碱面(Na_2CO_3),就是风化现象,这不仅会减少商品的数量,也会影响商品的质量。

(5)燃烧与爆炸。燃烧是物体快速氧化,产生光和热的化学变化过程。燃烧只有在必需的三种要素并存情况下才能发生,分别是可燃物(如燃料)、助燃物(如氧气)及温度要达到燃点。

爆炸是指物质由一种状态迅速地转变成另一种状态,并瞬间放出大量能量的现象。爆炸通常可分为三类:由物理原因引起的爆炸称为物理爆炸,如压力容器爆炸;由化学反应释放能量引起的爆炸称为化学爆炸，如炸药爆炸；由于物质核能的释放引起的爆炸称为核爆炸，如原子弹爆炸。

由于燃烧与爆炸不仅对于商品，而且对于居民、环境等都危害较大，所以，对于仓库商品中磷类、汽油、油漆、赛璐珞等易燃品和黑火药、爆竹等易爆品都要加强仓储管理。

（6）老化。老化是指高分子材料（如橡胶、塑料、合成纤维等）在储存过程中，在光、热、氧等的作用下出现发黏、脆硬、龟裂、褪色等现象。商品老化是一种不可逆的变化，是构成商品高分子材料的大链发生降解和交联两类反应的结果。

（7）裂解。裂解是指高分子有机物（如棉、麻、丝、毛、橡胶、塑料、合成纤维等）在光、热、氧等条件下，分子链断裂、分子量降低、强度降低，机械性能变差，而产生的发软、发黏等现象。例如：天然橡胶在日光、氧气和一定温度的作用下，就会发软、发黏而变质。所以，此类商品在保管、养护过程中，要防止受热和日光的直接照射。

（8）水解。水解是指某些商品在一定条件下，遇水发生分解的现象。商品的品种不同，在酸或碱的催化作用下发生的水解情况也不同。易发生水解的商品在物流过程中，要注意包装材料的酸碱性，要清楚哪些商品可以或不能同时储存，以防此类商品的人为损失。

（9）曝光。曝光是指某些商品见光后，引起变质或变色的现象。例如石灰酸（苯酚）为白色结晶体，见光即变成红色或淡红色。这些商品在储存过程中要特别注意防止光线照射，并要防止空气中的氧含量和温湿度的影响，其包装要密封。

综上所述，库存物化学变化的预防措施是：
- 干燥。
- 通风。
- 低温。
- 避光。

3. 生化变化

商品的生化变化是指有生命活动的有机体商品在生长发育过程中其本身所进行的一系列变化。例如，蔬菜、水果、鲜鱼、鲜肉、鲜蛋等有机体商品往往由于本身的特性，在储存过程中受到外界环境的影响会发生各种变化。这些变化有的能够促进产品质量的提高和完善，如番茄、香蕉、柿子等的后熟作用；但有些会降低产品的使用价值，甚至会使商品失去使用价值，如鱼的软化变质。常发生的生物变化主要有：

（1）呼吸作用。呼吸作用是指有机体商品在生命活动中，不断地进行呼吸，分解体内有机物质，产生热能，维持其本身的生命活动的现象。如果这种作用停止了，就意味着有机体商品生命力的丧失。呼吸作用可分为有氧呼吸和无氧呼吸两种。对于微生物如乳酸菌、酵母菌等的无氧呼吸，习惯上称为发酵。

不管是有氧呼吸还是无氧呼吸，都会消耗有机体商品内的营养物质，从而降低商品的质量。例如贮藏的果蔬，随着有氧呼吸的进行，会使其滋味变淡，所释放的热量若不能及时散发出去，还会使果蔬腐烂变质。同时，有机体由于呼吸作用分解出来的水分，有利于有害微生物生长繁殖，从而加速商品的霉变。但是，对于果蔬来说，无氧呼吸比有氧呼吸对其质量的危害性更大。因为无氧呼吸所释放的能量较少，为了满足其生理活动对能量的需求，就要消耗更多的养分，这样会使果蔬的风味降低，而且无氧呼吸会导致酒精积累，引起有机体细胞中毒，造成生理病害，缩短储存时间。

（2）后熟作用。后熟作用是指有生命的有机体商品（如香蕉、柿子等）从收获成熟到生理成熟和工艺成熟，品质不断改善的变化过程，它是鲜活商品脱离母株后成熟过程的继续。这主要是由于有机体内含有各种酶，会引起一系列复杂的生理变化。例如，瓜果中淀粉水解为单糖而产生甜味；有机酸数量相对减少，同时产生挥发油和芳香油而增加其芳香；叶绿素分解消失，类胡萝卜素和花青素显露而显红色、黄色、紫色等。总之，瓜果类后熟作用能改进色、香、味及适口的硬脆度等食用性能。

影响有机体商品后熟作用的因素主要是高温、氧气和某些有刺激性的气体如乙烯、酒精等。但当后熟作用完成后，则容易腐烂变质，难以继续储藏甚至失去使用价值。因此，对于这类商品，应在其成熟之前采收，如要延缓后熟和延长贮藏时间，应在贮藏中采用适宜的低温和适量的通风；如要加快后熟作用，则可以采用适当的高温、密封以及利用某些催化剂来加强酶的活性等措施，以加快后熟过程，满足市场销售的需要。

（3）蒸腾作用。蒸腾作用是指水分从植物体表面以水蒸气状态散失到大气中的过程。我们通常所说的蒸腾作用主要是指含水量较多的新鲜果蔬在贮藏期间失去水分的性质。蒸腾作用会使水果蔬菜类商品的重量减轻，丧失其鲜嫩品质，降低菜果的耐贮性和抗病性。因此，为了便于贮藏，增强果蔬的抗病性，保持商品的特有风味、品质，应采取相应措施来降低或避免蒸腾作用对果蔬商品的不良影响。

（4）僵直。僵直又叫僵硬或尸僵，是指畜禽、鱼失去生命后，肌肉在一段时间内发生的生化和形态上的变化，如肌肉失去原有的弹性，变得僵硬，肉片呈不透明状态等。在僵直阶段的肌肉组织紧密、挺硬，弹性差，无鲜肉的自然气味，烹调时不易煮烂，消化率低，肉的食用品质差。但是僵直期的动物肉pH值较低，组织结构也较紧密，不利于微生物的繁殖，因此适于冷冻贮藏。而一般鱼类在死后的僵直期新鲜度最高，食用价值也最大。

（5）软化。软化是指畜禽鱼在僵直达到最高点后进一步发生的变化，如逐渐由硬变软，恢复弹性，蛋白质和三磷酸腺苷分解，使肌肉变得柔软而有弹性。同时，肌肉蛋白质在肌肉中组织酶的作用下产生部分分解，形成与风味有关的化合物，如多肽、二肽、氨基酸、亚黄嘌呤等，使肉具有鲜美滋味，达到肉的最佳食用期。但鱼类软化后往往会降低价值，甚至腐败变质。高温时软化速度较快，当温度低于0℃时则软化停止，故冷冻贮藏可防止畜禽鱼等软化。

（6）发芽。发芽是指有机体商品在适宜条件下，冲破"休眠"状态，发生的发芽、萌发现象。发芽会使有机体商品的营养物质转化为可溶性物质，供给有机体本身的需要，降低有机体商品的质量。而且，有时在发芽、萌发的过程中，还会产生毒素，比如，土豆发芽会产生龙葵素，从而丧失有机体商品的使用价值。因此，对于能够发芽、萌发的商品必须控制其水分，并加强温湿度管理，防止发芽、萌发现象的发生。

（7）虫蛀。虫蛀主要是指商品在储存期间，常常会遭到仓库害虫的蛀食。仓库害虫的种类繁多，目前世界上已定名的仓虫有600多种，我国有记载的有200多种，其中对商品危害严重的有70多种。它们主要危害毛织品、蚕丝织品、人造纤维织品、天然革制品、木制品、毛皮、粮食、羽毛制品、纸张、中草药、烟草等。它们不仅破坏商品的组织结构，使商品发生破碎和洞孔，而且排泄各种代谢废物污染商品，影响商品质量和外观，降低商品使用价值。

（8）霉腐。霉腐是指商品在微生物作用下所发生的霉变和腐败现象。在气温高、湿度大的季节，如果仓库的温度、湿度控制不好，储存的针棉织品、皮革制品、鞋帽、纸张、香烟等许多商品会发生霉变，肉、蛋、鱼会腐败发臭，水果、蔬菜会腐烂，果酒会变酸等，无论哪种商品，只要发生霉变，质量就会有不同程度的降低，严重霉腐可使商品完全失去使用价值。有些食品还会因腐败变质而产生能引起人畜中毒的有毒物质。

综上所述，库存物生化变化的预防措施是：
- 控制温度。
- 注意水分。
- 加强管理。

（三）影响库存物质量变化的外界因素

在日常生活中，商品的质量变化是可以经常看到的，诸如金属器具的锈蚀，食品的酸败、腐烂、霉变，木制家具的腐朽或虫蛀，塑料、纤维、羊毛制品的老化等。这些变化都会影响商品的质量。影响商品质量变化的外界因素主要有日光、温度和湿度、空气中的氧气、卫生条件、有害气体等。

1. 日光

日光中包含着各种频率的色光，以及红外线和紫外线。它对商品起着正反两方面的作用：一方面，日光中的红外线有增热作用，可以增加商品的温度，降低商品的含水量；紫外线对微生物有杀伤作用。所以，在一定条件下，日光照射有利于商品的保护。但另一方面，有些商品在日光照射下发生剧烈或缓慢的破坏作用，例如，酒类在日光下与空气中的氧作用会变浑浊；油脂在日光下会加速酸败；橡胶、塑料制品在日光下会加速老化；商品的成分中如含有不饱和的化学键，在日光的作用下易发生聚合反应，桐油、福尔马林等结块沉淀就属于这种情况；有些商品如油布、油纸在日光照射下氧化放热，若不及时散热，不仅会加速这些商品的氧化，而且还可能达到自燃点引起火灾；照相胶卷和感光纸未使用时见光，会发生光化学反应而丧失使用价值。因此，要根据各种不同商品的特性，注意合理地利用日光。

2. 温度和湿度

一般商品在常温下都比较稳定。高温能够促进商品的挥发、渗漏、熔化等物理变化及各种化学变化；而低温又容易引起某些商品的冻结、沉淀等变化；温度忽高忽低，会影响商品质量的稳定性。此外，温度适宜时会给微生物和仓库害虫的生长繁殖创造有利条件，加速商品腐败变质和虫蛀。

空气湿度降低，商品将放出水分而降低含水量，减轻重量，如水果、蔬菜等萎蔫或干缩变形，纸张、皮革制品等干裂或脆损；湿度增高，商品含水量和重量相应增加，如食糖、食盐、化肥等易溶性商品结块、膨胀或进一步溶化，钢铁制品生锈，纺织品、竹木制品等发生霉变或被虫蛀等。湿度适宜，可保持商品的正常含水量、外形或体态结构和重量。

因此，在商品储存和养护中，需根据不同商品的特性，尽量创造适宜的空气温度和湿度。

3．空气中的氧气

空气中约含有21%的氧气。氧是化学性质活泼的元素，商品发生化学和生化变化绝大多数与空气中的氧有关，氧能与许多商品直接化合，使商品氧化，不仅降低商品质量，有时还会在氧化过程中产生热量，发生自燃，甚至还会引发爆炸事故。例如，氧可以加速金属商品锈蚀；氧是好氧微生物活动的必要条件，使有机体商品发生霉变；氧是害虫赖以生存的基础，是仓库害虫发育的必要条件；氧是助燃剂，不利于危险品的安全储存；在油脂的酸败，鲜活商品的分解、变质中，氧都是积极的参与者。由此可见，氧对商品质量变化有着极大的影响，因此，在储存中我们要针对商品的具体性能，研究相应方法控制商品所接触空气的含氧量。对受氧气影响较大的商品，要采取各种方法如浸泡、密封、充氮等来隔绝氧气。

4．卫生条件

卫生条件是保证商品特别是食品免于变质腐败的重要条件之一。卫生条件不好，不仅使垃圾、灰尘、油污等污染商品，影响商品质量，而且还为微生物、害虫等提供滋生场所，促使商品腐败变质。因此商品在储存过程中，一定要注意卫生条件，以保持商品质量的稳定。

5．有害气体

有害气体是指存在于大气中的危害性较大的气体状污染物质，主要包括酸性有害气体和氧化性有害气体，例如二氧化硫、硫化氢、氯化氢等。这些有害气体主要来自煤、石油、天然气、煤气等燃料放出的烟尘和工业生产过程中的粉尘、废气。商品储存在有害气体浓度大的空气中，其质量变化明显。例如二氧化硫，具有强烈的腐蚀作用，能够腐蚀各种金属制品，此外，当二氧化硫溶于水生成亚硫酸，还能强烈地腐蚀商品中的有机物。

五、库存物维护和保养的特殊技术

（一）金属锈蚀及防锈措施

商品锈蚀是指金属商品与周围介质发生化学作用或电化学作用而引起的破坏现象。

1．影响商品锈蚀的因素

商品锈蚀主要可以分为两种：化学锈蚀和电化学锈蚀。所谓化学锈蚀，是指金属与非电解质接触发生化学反应而引起的锈蚀，这种锈蚀只发生在金属表面且锈蚀过程也较简单；而电化学锈蚀是指金属和电解质溶液接触而引起的锈蚀，这是使金属锈蚀的主要形式，比如海水中船体锈蚀、金属制品在潮湿空气中锈蚀等。

商品锈蚀的影响因素是复杂多样的，但总的可分成内在因素和外在因素两大类。

（1）内在因素。内在因素主要指商品性质，各种金属具有不同的电极电位，一般来说，铁的电极电位比铜低，因此在大气中铁比铜更易锈蚀。

（2）外在因素。外在因素主要有空气温湿度、有害气体和杂质等。

1）空气中温度和湿度的影响。锈蚀的速度与空气湿度有直接关系。在潮湿环境中，金属与水及溶解于水中的物质接触时，由于原电池作用发生电化学反应，使金属离子进入溶液，这种作用可以连续进行，以至金属由表及里受到严重的损坏。温度的变化也对生锈起着很大的作用，温度的变化易造成结露现象，从而促使金属商品锈蚀。此外，温度在一定条件下能加快金属的锈蚀速度。

2）空气中有害气体与杂质的影响。空气中的各种有害气体及腐蚀性尘埃对金属的锈蚀影响很大。有害气体如二氧化碳、氧化物、硫化物、氨气等溶于水后会大大增强金属表面水膜的电解性，加速金属商品的锈蚀。空气中的烟尘、砂土等灰尘微粒落到金属表面，易吸附有害气体，易使水分凝结，促进氧的浓差电池形成，加速金属的锈蚀过程。

2．金属防锈措施

（1）选择适宜的保管场所。保管金属制品的场所，无论是库内库外，均应清洁干燥，不得与酸、碱、盐类、气体和粉末等商品混存。不同种类的金属制品在同一地点存放时，也应有一定的间隔距离，防止发生接触腐蚀。

（2）保持库房干燥。储存金属制品的仓库，要求通风干燥，门窗严密，便于调节库内温湿度，相对湿度在60%以下，就可以防止金属制品表面凝结水分，生成电解液层而遭受电化学腐蚀。但相对湿度60%以下较难达到，一般库房应控制在65%～70%左右。

（3）塑料封存。塑料封存就是利用塑料对水蒸气及空气中腐蚀性物质的高度隔离性能，防止金属制品在环境因素作用下发生锈蚀。常用的方法有塑料薄膜封存、收缩薄膜封存、可剥性塑料封存、涂油防锈和气相防锈。

（二）商品霉腐的防治

商品霉腐主要是由霉菌引起的。由于霉菌在商品中进行新陈代谢作用，把商品中的营养物质变成各种代谢物，从而降低商品的物理机械性能，产生霉臭气味，甚至出现长毛现象，严重者丧失其使用价值。

1．商品霉腐的原因

商品霉腐的过程就是微生物新陈代谢的过程。商品上的霉腐微生物与其他生物一样，在适宜的条件下就会生长和繁殖，微生物必须从商品中摄取必需的营养成分来维持其生命活动，繁殖后代，并排泄代谢产物。在霉腐微生物新陈代谢过程中，会发生一系列的生物化学变化，从而造成商品霉烂、变质。也就是说，商品霉腐的实质就是霉腐微生物在商品上吸取营养物质并排泄代谢终产物的结果。商品霉腐一般经过以下四个环节：受潮→发热→霉变→腐烂。

2．常见的易霉腐商品

商品的成分是决定商品霉腐的内因，由于商品本身的特点不同，而导致有些商品易于发生霉腐，如含糖、蛋白质、脂肪等有机物质的商品；而另一些商品则不易发生霉腐，如金属器具等。常见易于发生霉变的商品主要有：食品类、纺织原料及其制品、纸张及其制品、橡胶和塑料制品、日用化学品、皮革及其制品和工艺美术品。此外，一些文娱和体育用品、电器产品、药品等在适宜的温湿度条件下也容易发生霉腐。

3．商品防霉措施

商品的防霉，就是针对商品霉腐的原因采取有效措施。商品的成分是决定商品霉腐的内因，因此，有些工业品随着科学和生产的发展，可以改变其原有成分或采用代替的原料来提高其抗腐能力。目前采取的防霉腐措施，主要有以下几种：

（1）加强商品库存的管理。

1）加强入库验收。易霉商品入库，首先应检验其包装是否潮湿，商品的含水量是否超过安全标准。

2）加强仓库温湿度管理。根据商品的不同性质，正确地运用密封、吸潮及通风相结合的方法，控制好库内温湿度。特别是在梅雨季节，要将相对湿度控制在不适宜霉菌生长的范围内。

3）选择合理的储存场所。易霉商品应尽量安排在空气流通、光线较强、比较干燥的库房，并应避免与含水量大的商品同储。

4）合理堆码，下垫隔潮。商品堆码不应靠墙靠柱，对于底层商品要进行防潮隔潮处理。

5）商品进行密封。

6）做好日常的清洁卫生工作。

（2）化学药剂防霉。化学药剂防霉是利用化学药剂的一种防霉方法，主要是使用防霉防腐的化学药剂将待包装物品、包装材料进行适当处理以达到防霉腐的目的。通常可以将防霉腐剂直接加在某个工序中，或是将其喷洒或涂抹在商品表面，或是需浸泡包装材料，但是这些处理都会使有些商品的质量与外观受到不同程度的影响。化学药剂防霉的基本原理或是使菌体蛋白质凝固、沉淀、变性；或是用防霉防腐剂与菌体酶系统结合，影响菌体代谢；或是用防霉防腐剂降低菌体表面张力，增加细胞膜的通透性，而发生细胞破裂或溶解，以杀灭霉腐微生物。

（3）气相防霉。气相防霉是一种先进的防霉方法，它主要是使用具有挥发性的防霉防腐剂，利用其挥发产生的气体直接与霉腐微生物接触，杀死这些微生物或抑制其生长，以达到商品防霉腐的目的。同时，由于气相防霉是气相分子直接作用于商品上，对其外观和质量不会产生不良影响，但要求包装材料和包装容器具有气率小、密封性要求较高。通常商品所用的气相防霉剂有多聚甲醛防霉腐剂、环氧乙烷防霉腐剂等。

（4）气调防霉。气调防霉是生态防霉腐的形式之一。霉腐微生物与生物性商品的呼吸代谢都离不开空气、水分、温度这三个因素。只要有效地控制其中一个因素，就能达到防止商品发生霉腐的目的，例如只要控制和调解空气中氧的浓度，人为地创造一个低氧环境，霉腐微生物生长繁殖和生物性商品自身呼吸就会受到控制。

（5）低温冷藏防霉。低温冷藏防霉是通过控制商品本身的温度，使其低于霉腐微生物生长繁殖所需温度的最低界限，控制酶的活性。它一方面抑制了生物性商品的呼吸氧化过程，使其自身分解受阻，一旦温度恢复，仍可保持其原有的品质；另一方面抑制了霉腐微生物的代谢与生长繁殖，从而达到防霉腐的目的。

（6）干燥防霉。微生物生活环境缺乏水分即造成干燥，在干燥的条件下，霉菌不能繁殖，商品也不易腐烂。干燥防霉主要是通过降低密封包装内的水分与商品本身的含水量，使霉腐微生物得不到生长繁殖所需水分来达到防霉腐目的。因为干燥可使微生物细胞蛋白质变性并使盐类浓度增高，从而使微生物生长受到抑制或促使其死亡。霉菌菌丝特别是幼龄菌种的抗干燥能力很弱，因此可通过在密封的包装内置放一定量的干燥剂来吸收包装内的水分，使内装商品的含水量降到允许霉菌生长繁殖的最低含水量以下。

一般高速失水不易使微生物死亡，而缓慢干燥时霉菌菌体死亡最多，且在干燥初期死亡最快；菌体在低温干燥下不易死亡，而干燥后置于室温环境下最易死亡。

（7）电离辐射防霉。电离辐射是一切能引起物质电离的辐射总称，能量通过空间传递称为辐射，射线被使射物质产生电离作用，称为电离辐射。电离辐射的直接作用是当辐射线通过微生物时能使微生物内部成分分解而发生诱变或死亡。其间接作用是使水分子离解成为游离基，游离基与液体中溶解的氧作用产生强氧化基团，此基团使微生物酶蛋白的—SH基氧化，酶失去活性，因而使其诱变或死亡。

（三）商品防虫害

仓库害虫又叫储藏物害虫，广义上包括所有危害储藏物品的微型和小型动物，不仅包括昆虫、蛹类和其他小动物（如伪蝎等），还包括鸟类和鼠类。在通常意义上仓库害虫是指一些食性广泛、生殖力强、对环境条件有很大适应性和抵抗能力，能在仓库特定环境下生活和繁殖的害虫。

1. 常见的易虫蛀、鼠咬的商品

容易虫蛀、鼠咬的商品主要是一些营养成分含量较高的动植物原料加工制成的商品，常见的有纺织品、毛皮、皮制品、竹藤制品、食品、纸张及纸制品、木材及其制品等。

2. 仓虫防治

仓虫大部分属于昆虫，也包括螨类微小动物。一般应当遵循"以防为主，防重于治"的方针，防治的具体方法：

（1）仓贮管理防治。仓贮管理防治就是要人为地创造有利于贮存商品而不利于害虫生存的生态条件，从而控制害虫的发生、发展，达到安全贮存商品的目的。这种防治技术简单易行，节约费用。具体内容包括：清洁卫生，空仓与器材杀虫，隔离与保护以及改善仓库和厂房条件。

（2）物理、机械防治。应用物理因素作用于害虫有机体，控制及消灭虫害的方法称为物理防治。利用人力操作或动力操作各种机械，以清除仓库害虫的方法称为机械防治。物理防治主要有温控防治和气控防治，机械防治主要有风扬、风车除虫和筛子除虫。

一般而言，45~55℃是害虫致死高温区，40~45℃是害虫亚致死高温区。害虫在致死高温区会很快死亡，较长时间处在亚致死高温区亦会死亡。日光曝晒杀虫、烘干杀虫、湿热气体杀虫是常见的几种高温杀虫方法。一般仓库害虫的发育始点在10℃以上，在霜冻季节里，可以敞开仓库气窗自然通风或利用风机机械通风降温，甚至可以将商品搬出，薄摊在晒场上反复冷冻以达到低温杀虫的目的。

（3）化学药剂防治。化学药剂防治是利用杀虫剂杀灭仓虫的方法，具有彻底、快速、效率高的优点，兼有防与治的作用；但也有对人有害、污染环境、易损商品的缺点，因此，在食品中应限制使用。常用的化学药剂防治方法有：

1）驱避法。利用易挥发并具有特殊气味和毒性的固体药物放入商品包装内或密封货

垛中，以达到驱虫、杀虫目的，常用的有萘、樟脑丸等，一般可用于毛、丝、棉、麻、皮革、竹木、纸张等商品的防虫，不可用于食品和塑料等商品。

2）喷液法。用杀虫剂进行空仓和实仓喷洒，直接毒杀仓虫。常用的杀虫剂有敌杀死、敌敌畏、敌百虫等。除食品外大多数商品都可以用来进行实仓杀虫或空仓杀虫。

3）熏蒸法。利用液体或固体挥发成剧毒气体以杀死仓虫，常用的药剂有溴代甲烷、磷化铝等。用熏蒸法杀虫成本低、效率高，一般多用于毛皮库和竹木制品库的害虫防治。

（4）检疫防治。检疫防治是根据国家颁布的国内、国外植物检疫法令和条例，对国家输出、输入及省际调拨的商品及附属物等进行严格的检查和检验，防止危险性害虫传播蔓延和就地消灭的一种防治方法。我国规定，仓虫中的谷象、谷斑皮蠹、大豆象、大谷蠹、巴西豆象为对外检疫对象。

此外，还有电离辐射、灯光杀虫、微波和远红外线杀虫等仓虫防治方法。

3．鼠害防治

鼠类属于啮齿动物，繁殖能力很强，具有食性杂，记忆力强，视觉、嗅觉和听觉都很灵敏的特点，一般在夜间活动。具体的鼠类防治方法有：

（1）防鼠驱鼠。根据不同仓型的具体情况，在仓房门口装设防鼠门或在仓房与防鼠门间的门槛上设防鼠板，以切断仓门的鼠路。若发现鼠洞要及时堵塞，以绝鼠迹。在露天贮藏时，要修建防鼠货台，防止老鼠往上爬。另外，还可使用驱鼠剂（也称忌避剂）驱鼠，如使用0.05%的放线菌酮药液喷洒包装器材，能防鼠达数月之久。

（2）器械捕鼠。捕鼠的器械种类很多，如鼠夹、捕鼠笼、粘鼠胶板、电子灭鼠器等。在使用捕鼠器械前要通过观察粪便、足迹、跑道、咬啮的痕迹等，掌握鼠的活动规律，选择适当的捕鼠方法和器材。根据鼠的习性，捕杀时要先诱后杀，捕鼠器械的布置要经常变化，勤换诱饵，勤查捕鼠器械。

（3）药剂熏杀。将竹竿顶端劈开一道缝，夹一团旧棉花或碎布头，蘸2～5g氯化苦药液，塞入鼠洞内，然后将洞口严密封死。采用这种方法，事前一定要认真检查鼠洞，预先堵塞仓外及其他部位洞口。仓库附近有住户时，不宜采用这种方法，以免鼠洞通入住房，引起人员中毒。投药熏洞时，操作人员一定要按库房熏蒸的要求佩戴好防毒面具。

（4）毒饵诱杀。因为鼠类的嗅觉和味觉都很灵敏，发现异味即不取食，所以，调拌诱饵药剂应具备一个基本的要求，即药剂拌入饵料内配成的毒饵必须适合鼠类取食入口才能起到毒杀作用。目前常用的杀鼠剂有敌鼠、杀鼠灵、安妥、磷化锌等。

在使用毒饵诱杀时，毒饵、毒液应在室外或较宽敞的室内配制；所用的药剂必须准确称量，并做好记录；配制时应戴防毒口罩，防止药粉飞扬进入呼吸道；禁止用手直接接触药剂或毒饵毒液；现场禁止吸烟和饮食；杀鼠毒饵毒液施放在固定器皿或具有明显标志的特制毒饵箱中，并记载施放时间、地点、数量；包装过药剂和毒饵的纸，以及过期的毒饵毒液，要集中烧毁并深埋，盛装毒饵毒液的器皿，要用肥皂水洗净，集中保管，毒饵、毒液的配制、保管、使用、回收和处理应有专人负责；用毒饵、熏蒸药剂毒死的和捕鼠器具捕获的老鼠，均须焚化或深埋处理，不得随意乱扔，以免病害传染。

项目一 | 储配设施设备与库内安全保养

任务实施

情景一　操作过程

步骤1：绘制消防管理制度
为该企业仓库制定合理的消防管理制度：
_____
_____
_____
_____
_____

步骤2：选择合适的消防器材
（说明种类和原因）_____
_____
_____
_____
_____

情景二　操作过程

步骤1：分析质量变化的原因
该商品在仓储过程中质量变化的原因是什么？
_____
_____
_____
_____
_____

步骤2：提出预防措施
如何防止这种质量变化，仓储保管人应采取哪些措施？
_____
_____
_____
_____
_____

情景三　操作过程

步骤1：分析质量变化的原因

从这两所学校的食品保管制度中分析影响商品质量变化的因素有哪些：

_____
_____
_____
_____
_____

步骤2：设计合理的食品保管方法

结合所需的知识给两所学校学生食堂分别设计合理的食品保管方法：

_____
_____
_____
_____
_____

效果评价

序 号	评价内容	满 分	得分结果
1	了解仓库的安全问题	10	
2	熟悉仓库常见火灾隐患	10	
3	熟悉仓库安全作业与事故处理	15	
4	能合理解决情景一的问题	20	
5	掌握库存物维护和保养的措施	10	
6	掌握特殊保养技术	15	
7	能合理解决情景二的问题	10	
8	能合理解决情景三的问题	10	
9	合　　计	100	

项目二
Project 2
仓储业务实施

知识部分
- ✦ 出入库作业流程认知
- ✦ 堆码策略的基本知识
- ✦ 库存控制策略基本理论
- ✦ 储位分配原理

实施部分
- ✦ 出入库常见问题的分析与处理措施
- ✦ 就地堆码方法、托盘组托方法
- ✦ 物动量分析法、库存状态分析、盘点方法
- ✦ 储位分配方法及应用

任务一　出入库常见问题分析及处理

任务目标

📖 知识目标
- 懂得仓库出入库流程。
- 清楚仓库出入库各环节的要点。
- 了解出入库作业中的常见问题。
- 理解出入库作业中常见问题的处理方式。

📖 技能目标
- 掌握仓库出入库的单证缮制、审核。
- 掌握出入库交接手续。
- 能够熟练地缮制和审核仓库出入库的单证。
- 能够分析出出入库作业中常见问题的原因。
- 能够针对出入库中常见的问题选择适合的处理措施。

📖 素质目标
- 培养做事细心谨慎的工作态度。
- 培养良好的专业行为规范。

职业素养：做事细心谨慎

职业素养　细心谨慎　一丝不苟

在出入库作业中，出入库前都要对货物进行验收，这个环节是非常重要的，验收不当便会出现错货、串货、破损上架或已出库等问题，造成退货甚至是赔偿等情况，为企业带来资源或成本的损耗。作为仓库管理人员需要具备耐心、细心、谨慎的品质和做事一丝不苟的态度。

任务情景

情景一：

国内B手机制造企业在沈阳设有加工厂，其成品仓库外包给了大连C物流公司。要求模拟大连这家物流公司为工厂设计合理的入库流程，学生充当物流公司的仓库管理人员对手机的入库过程进行模拟操作。2022年8月15日，货主沈阳B手机制造有限公司发来一份入库申请单，如表2-1所示，验收时发现少了2个包装。

表2-1　入库申请单（案例资料）

编号：RK20210815001						申请日期：2022年8月15日			
交易商名称	B手机制造有限公司			联系人	张**	联系电话		139********	
接运方式	□到车站、码头提货　☑到货主单位提取货物　□托运单位送货到库接货　□铁路专用线到货接运								
商品信息									
名　称	品种/型号	包装规格（mm³）	包装单位	数　量	重量（kg）	生产日期		单价（元）	金额（元）
冰海恋雨手机	RT-07	150×80×70	盒	1000	0.185	2022.8.14		1 230	1 230 000
声明：						交易商单位：（公章）			
备注：									

要求入库人员完成以下工作任务：

（1）针对手机产品特点，制定合理的入库流程。

（2）编制入库作业计划。

（3）完成入库交接与登记，要求填写商品检验记录表和入库单。

情景二：

兰州某物资供应站于2023年1月8日送来一车（司机：王义）旺旺食品，送货单上列明：旺旺雪饼数量50箱，规格1×20袋（500g），单价22元/袋，金额440元/箱，生产日期2022年12月6日；旺旺烧米饼80箱，规格1×20袋（500g），单价32元/袋，金额640元/箱，生产日期2022年12月10日。这两种食品的保质期都为9个月。在收货时，发现其中有4箱旺旺雪饼外包装破损，3箱旺旺烧米饼外包装有水渍。你作为某配送中心的收货员，打算怎样处理这批有问题的货物？

情景三：

新港公司委托速运物流公司将一批货物从上海站运到天津站，速运物流公司将货物运到后通知收货人宏运公司前来提货，宏运公司不慎将出库凭证丢失，无法提货。试问应该怎么处理？

知识链接

一、入库作业

（一）入库作业流程

商品入库一般要经过入库申请、编制入库计划、入库准备、货物接运、核查入库凭证、货物验收、入库存放以及办理交接手续等环节的流程，如图2-1所示。

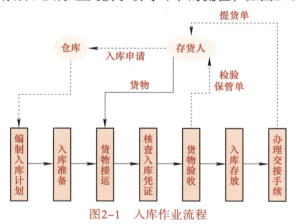

图2-1　入库作业流程

1. 入库申请

入库申请是指供应商或存货人有仓储服务需求时，向仓储服务类企业提出申请并提出具体的仓储需求。仓储企业接到申请后，对此项业务进行评估并结合自身业务状况做出反应，或拒绝该项业务，并做出合理解释，希望客户的谅解；或接受此项业务，并制订入库作业计划，分别传递给供应商或存货人和仓库部门，做好各项准备工作。所以，入库申请是生成入库作业计划的基础和依据。入库申请单如表2-2所示。

表2-2 入库申请单

编号：					申请日期：	年 月 日
交易商名称		联系人			联系电话	
接运方式	□到车站、码头提货　　□到货主单位提取货物 □托运单位送货到库接货　　□铁路专用线到货接运					
商品信息						
名　　称	品种/型号	包装规格（mm³）	包装单位	数　量	重量（kg）	生产日期	单价（元）	金额（元）
声明：						
备注：						交易商单位：（公章）

2. 编制入库作业计划

仓储企业根据仓储保管合同和商品供货合同来编制商品入库数量和入库时间进度的计划，主要包括品名、种类、规格、数量、入库日期、所需仓库容量、仓储保管条件等。仓库计划工作人员对各入库作业进行分析，再编制具体的入库作业计划（见表2-3）。

表2-3 入库作业计划

No._____

送货单位：××××× 　　预入库日期：××年×月×日 　　仓库：××

货物品名	型　号	数　量	时　间	所需资源	备　注

3. 入库准备

入库准备是仓库部门根据拟订好的入库作业计划，合理安排好货位、苫垫材料、验收、装卸搬运器械以及人员和单证等，以便货物入库。经仓库部门对入库计划分析评估之后，即可开始入库准备作业。具体需要做好以下几项准备：

（1）了解各种入库货物的状况。
（2）制订仓储计划。
（3）掌握仓库库场情况。
（4）仓库妥善安排货位。
（5）准备必要的苫垫材料、作业用具。
（6）装卸搬运流程设定。
（7）文件单证准备。
（8）合理安排人力、设备。

4. 货物接运

货物到达仓库的形式多有不同，除了小部分由供货单位直接运到仓库交货外，大部分要经过铁路、公路、航运、空运和短途运输等运输工具转运。凡经过交通运输部门转运的货物都必须经过仓库接运后，才能进行入库验收。因此，货物的接运是入库业务流程的第一道作业环节，也是仓库直接与外部发生的经济联系。其主要任务是及时、准确地向交通运输部门提取入库货物，要求手续清楚，责任分明，为仓库验收工作创造有利条件。因为接运工作是仓库业务活动的开始，如果接收了损坏的或错误的商品，将直接导致商品出库装运时出现差错。货物接运是货物入库和保管的前提，接运工作完成的质量直接影响货物的验收和入库后的保管保养。

货物接运的主要方式有：

（1）到车站、码头提货。这是外地托运单位委托水路、水运、民航等运输部门或邮局代运或邮递货物到达本埠车站、码头、民航站、邮局后，仓库依据货物通知单派车提运货物的作业活动。此外，在接受货主的委托，代理完成提货、末端送货活动的情况下也会发生到车站、码头提货的作业活动。这种到货提运形式主要适用于零担托运、到货批量较小的货物。

（2）到货主单位提取货物。这是仓库受托运方的委托，直接到供货单位提货的一种形式。其作业内容和程序主要是当仓库接到托运通知单后，做好一切提货准备，并将提货与货物的初步验收工作结合在一起进行，最好在供货人员在场情况下，当场进行验收。因此，接运人员要按照验收注意事项提货，必要时可由验收人员参与提货。

（3）托运单位送货到库接货。这种接货方式通常是托运单位与仓库在同一城市或附近地区，不需要长途运输时被采用。其作业内容和程序是当托运方送货到仓库后，根据托运单（需要现场办理托运手续的先办理托运手续）当场办理接货验收手续，检查外包装，清点数量，做好验收记录。如有质量和数量问题，需注明并由托运方在验收记录上签字。

（4）铁路专用线到货接运。这是指仓库备有铁路专线，大批整车或零担到货接运的形式。一般铁路专线都与公路干线联合。在这种联合运输形式下，铁路承担主干线长距离的货物运输，汽车承担支线部分直接面向收货方的短距离运输。

5. 核查入库凭证

入库凭证是仓库接收货物准确入库的凭证。入库货物必须具备下列凭证：

（1）入库通知单和订货合同副本。

（2）供货单位提供的材质证明书、装卸单、磅码单、发货明细表等。

（3）货物承运单位提供的运单。

核查凭证，就是将上述凭证加以整理，全面核对。入库通知单、订货合同要与供货单位提供的所有凭证逐一核对，相符后才可以进行下一步的物品检查和验收。

6. 货物验收

凡货物进入仓库储存，必须经过检查验收，只有验收后的货物，方可入库保管。货物入库验收是仓库把好"三关"（入库、保管、出库）的第一道，抓好货物入库质量关，能防止劣质商品流入流通领域，划清仓库与生产部门、运输部门以及销售部门的责任界限，也为货物在库场中的保管提供第一手资料。因此验货过程中应满足及时、准确、严格和经济等基本要求。

（1）货物验收的基本要求：

1）及时。到库货物必须在规定的期限内完成验收入库工作。这是因为货物虽然到库，但未经过验收的货物没有入账，不算入库，不能供应给用料单位。只有及时验收，尽快提出检验报告才能保证货物尽快入库入账，满足用料单位的需求，加快货物和资金的周转。同时货物的托收承付和索赔都有一定的期限，如果验收时发现商品不合规定要求，要提出退货、换货或赔偿等请求，且均应在规定的期限内提出。否则，供方或责任方不再承担责任，银行也将办理拒付手续。

2）准确。验收应以货物入库凭证为依据，准确地查验入库货物的实际数量和质量状况，并通过书面材料准确地反映出来。做到货、账、卡相符，提高账货相符率，降低收货差错率，提高企业的经济效益。

3）严格。仓库的各方都要严肃认真地对待货物验收工作，验收工作的好坏直接关系到企业的利益，也关系到以后各项仓储业务的顺利开展。因此，应高度重视验收工作，直接参与验收的人员要以高度负责的精神来对待这项工作，明确每批商品验收的要求和方法，并严格按照仓库验收入库的业务操作程序办事。

4）经济。货物在验收时，多数情况下，不但需要检验设备和验收人员，而且需要装卸搬运机具和设备以及相应工种工人配合。这就要求各工种密切协作，合理组织调配人员与设备，以节省作业费用。此外，在验收工作中，尽可能保护原包装，减少或避免破坏性试验，也是提高作业经济性的有效手段。

（2）货物验收的程序：

1）验收准备。

① 全面了解验收货物的性能、特点和数量，根据货物需求确定其存放地点、垛形和保管方法。

② 准备堆码苫垫所需材料和装卸搬运机械、设备及人力，以便使验收后的物资能及时入库保管存放，减少物资停顿时间；若是危险品则需要准备防护设施。

③ 准备相应的检验工具，并做好事前检查，以便保证验收数量的准确性和质量的可靠性。

④ 收集和熟悉验收凭证及有关资料。

2）核对资料。将下述证件加以整理与核对。凡供货单位提供的质量证明书、合格证、发货明细表等均须与入库实物相符。货物质量以该物资采用的统一标准进行验收。

① 货物的入库通知单、仓储合同等。

② 供货单位提供的质量证明书或合格证、装箱单、磅码单、发货明细表。

③ 运输部门提供的运单。若货物入库前在运输中发生残损情况，必须有普通记录和商务记录。

3）检验货物。检验货物是仓储业务的一个重要环节，包括数量检验、外观质量检验和包装检验三方面的内容，即复核货物数量是否与入库凭证相符，货物质量是否符合规定的要求，货物包装能否保证储存和运输过程中的安全。

① 数量检验。数量检验是保证货物数量准确不可缺少的措施，要求货物入库时一次进行完毕。在一般情况下，按重量供货的应过磅验收，按理论换算供货的应按理论换算验收，按件（台）供货的应点件（台）验收。在检验数量的同时应注意过磅、记码单和堆垛三个环节，以确保数量准确。

② 外观质量检验。外观质量检验是指通过人的感觉器官检查货物外观质量情况的检查过程。主要检查货物的自然属性是否因物理及化学反应而造成负面的改变，是否受

潮、玷污、腐蚀、霉烂、缺件、破裂等。

③ 包装检验。货物包装的好坏、干潮的程度直接关系着物资的安全储存与运输。所以对货物的包装要进行严格检验，凡是产品合同对包装有具体规定的要严格按规定验收，如箱板的厚度，打包铁腰的匝数，纸箱、麻包的质量等。对于包装的干潮程度，一般是用眼看、手摸的方法进行检查验收。

（3）填写验收单据。货物检验后，仓库保管员应按质量合格的实际数量填制"货物入库验收单"；如果数量不符，还应填制"货物溢余短缺报告单"；如果有轻微质量问题，还应对这些货物填写"货物残损变质报告单"。经仓库负责人、核对人核对签字后，作为今后与供货方、运输方交涉的凭证。

货物入库验收单一般包括验收时间、存放仓库、货物编号、名称、规格、型号、包装细数、单位、单价、应收数量及金额、实收数量及金额、验收人等内容。

货物溢余短缺报告单一般包括时间、报告单位、货物编号、名称、规格、型号、包装细数、单位、单价、应收数、实收数、溢余（短缺）数及原因等内容。

货物残损变质报告单一般包括时间、报告单位、货物编号、名称、规格、型号、单位、单价、残损变质数及原因、处理意见等内容。

货物入库验收单、货物溢余短缺报告单、货物残损变质报告单的具体格式因使用企业的具体要求不同而不尽相同。

7. 入库存放

（1）安排货位。安排货位时，必须将安全、方便、节约的思想放在首位，使货位合理化。货物因自身的自然属性不同而具有不同的特性，有的怕冻，有的怕热，有的怕潮，有的怕虫蛀等。如果货位不能适应储存货物的特性，就会影响货物质量，发生霉腐、锈蚀、熔化、干裂、挥发等变化。为了方便出入库业务，要尽可能缩短收、发货作业时间。应以最少的仓容，储存最大限量的货，提高仓容使用效能。

（2）搬运。经过充分的入库准备及货位安排后，搬运人员就可把验收场地上经过点验合格的入库货物，按每批入库单开制的数量和相同的唛头集中起来，分批送到预先安排的货位，要做到进一批、清一批，严格防止唛头互串和数量溢缺。

分类工作应力争送货单位的配合，在装车启运前，就做到数量准、批次清。对于批次多和批量小的入库货物，分类工作一般可由保管收货人员在单货核对、清点件数过程中同时进行；也可将分类工作结合在搬运时一起进行。

在搬运过程中，要尽量做到"一次连续搬运到位"，力求避免入库货物在搬运途中的停顿和重复劳动，对有些批量大、包装整齐、送货单位又具备机械操作条件的入库货物，要争取送货单位的配合，利用托盘实行定额装载、往返厂库之间，从而提高计数准确率、缩短卸车时间、加速货物入库。

（3）货物存放。货物存放直接影响着货物保管的安全、清点数量的便利，以及仓库容量利用率的提高。货物存放的方式主要有以下几种方式：

1）散堆存放方式，即将无包装的散货在库场上堆成货堆的存放方式，特别适用于大宗散货，如煤炭、矿石、散粮和散化肥等。

2）堆垛存放方式，指对有包装的超长、大件货物进行堆码存放。

3）货架存放方式，指采用通用或者专用的货架进行物资上架存放，适用于存放小件货物或不宜堆高的货物。

4）成组存放方式，指采用成组工具使货物的堆存单元扩大。常用的成组工具有货板、托盘和网格等。

8．办理交接手续

在验收、卸货、搬运、堆码作业完毕后，仓库保管员与送货人办理交接手续，并完成登账、立卡、建档等工作。这是商品入库的最后环节。

（1）交接手续。交接手续是指仓库保管员对收到的商品向送货人进行确认，表示已接收商品。办理完交接手续，也就意味着划清运输、送货部门和仓库的责任。完整的交接手续包括接收商品、接收文件和签署单证三个部分。

1）接收商品是指仓库保管员通过理货、查验商品，将不良商品剔出、退回或者编制残损单证以明确责任，确定收到商品的确切数量。

2）接收文件是指仓库保管员在接收商品的同时，也要接收送货人送交的商品资料、运输的货运记录、普通记录等，以及随货的在运输单证上注明的其他文件，如图纸、准运证等。

3）签署单证是指仓库保管员与送货人或承运人共同在送货单、入库验收单、到货交接清单（见表2-4）上签字，并留存相应单证。仓库提供相应的入库、查验、理货、残损单证及事故报告，由送货人或承运人签署。

表2-4 到货交接清单

收货人	发 站	发货人	货物名称	标 志	单 位	数 量	重 量	货物存放处	车 号	运 单 号

提货人：××× 　　　　　　经办人：××× 　　　　　　接收人：×××

（2）登账。货物交接完毕后，仓库根据验收的实际情况制作入库单（见表2-5），详细记载入库货物的实际情况，包括物资编号、品名、规格、单位、数量、检验、实收数量等，对短少、破损等在备注栏填写和说明。

表2-5 入库单

No._____

货主单位：×××××　　　　　　　　　　　　　　入库日期：××年×月×日

物资编号	品 名	规 格	单 位	数 量	检 验	实收数量	备 注

合计：××× 　　　　　　库管员：××× 　　　　　　制单员：×××

注：本单一式三联，第一联-送货人联；第二联-财务联；第三联-仓库存查。

（3）立卡。货物入库上货架后，将货物名称、规格、数量或出入库状态等内容填写在货卡上，称为立卡。货卡（见表2-6）又称料卡、货牌或货物验收明细卡，插放在货物下方的货架支架上或摆放在货垛正面的明显位置。货卡应按入库单所列内容逐项填写。货物入库堆码完毕，应立即建立货卡，一垛一卡。

表2-6 货卡

货主单位：×××××　　　　　　　　　　　　　　　　　　　　　日期：××年×月×日

年		货品名称	规格	单位	入库数量	出库数量	结存	经手人
月	日							

（4）建档。建档是将货物入库业务作业全过程的有关资料证件进行整理、核对，建立资料档案并填写单据装订清单（见表2-7），以便货物管理和保持客户联系，为将来发生争议时提供凭据；同时也有助于总结和积累仓储管理经验，为货物的保管、出库业务创造良好的条件。

表2-7 单据装订清单

客户：×××××　　　　　网点：××　　　　　单据日期：××年×月×日
清单号：×××××　　　　　　　　　　　　　　编制日期：××年×月×日

序号	订单日期	订单号	通知单号	仓库	红冲单号	核销单号	核销类型

存货档案应按一货一档设置，将该货物入库、保管、交付的相应单证、报表、记录、作业安排、资料等的原件或者附件、复制件存档。存货档案应统一编号、妥善保管、长期保存。

存货档案的内容包括：

1）货物的各种技术资料、合格证、装箱单、质量标准、送货单、发货清单等。
2）货物运输单据、普通记录、货运记录、残损记录、装载图等。
3）入库通知单、验收记录、磅码单、技术检验报告。
4）保管期间的检查、保养作业、通风除湿、翻仓、事故等直接操作记录；存货期间的温度、湿度、特殊天气的记录等。
5）出库凭证、交接签单、送出货单、检查报告等。
6）回收的仓单、货垛牌、仓储合同、存货计划、收费存根等。
7）其他有关该货物仓储保管的特别文件和报告记录。

（二）入库作业常见问题及处理措施

入库作业常见问题往往会出现在验收的过程中，如入库凭证不全或者不符，那么该商品的入库就会出现延误，仓管员在货物入库验收时应注意一些常见问题并及时采取相应的措施，防止损失继续扩大。

1．单据不全的处理

凡验收所需的证件不齐全时，到库货物仍作为待验货物处理，待单证到齐后再进行验收，若条件允许也可提前验收。

2．单单不符的处理

单单不符是指供货单位提供的质量证明书等与存货单位（货主）提供的入库单不符。遇到这种情况应立即通知货主，并按货主提出的办法办理，但应将全部事实处理经过记录在案备查。

3．质量有异的处理

凡规格、质量、包装不符合要求或在途中受损变质者，均称质量有异。此时，应先将合格品验收入库，不合格品分开堆放，做出详细记录，并立即通知货主。

（1）质量问题。在与承运方初步验收时如发现质量问题，应会同承运方清查点验，并由承运方编制商务记录或出具证明书，作为索赔的依据。如确认责任不在承运方，也应做好记录，由承运者签字，以便作为向供货方联系处理的依据。在拆包进一步验收时发生的质量问题，应将有问题的商品单独堆放，并在入库单上分别签收，同时通知供货方，以划清责任。一般来说，造成入库的商品变质的原因主要有：

1）生产商或流通领域中长期存放或者保管不善造成的，此种情况的变质，责任在供货方，应及时与供货方联系，做出退货或者调换的决定，但收货员在接收时应该详细说明数量和变质的程度。

2）在承运过程中因受污染、水渍等原因使商品变质，出现这种情况的责任在承运方，收货员签收时应索取承运方的记录，交货主交涉处理。

3）在提运过程中，因商品混放、受雨淋等原因造成的商品变质，甚至报废，这是提运人员的责任，收货员在签收时应注明变质的原因、数量及程度等，报仓库处理，但此种情况的变质较少，因为提运和接运都是在很短的时间内进行的，不容易造成商品的变质。

（2）包装问题。在清点大件时如发现包装有水渍、沾污、损坏等情况，应进一步检查内部细数和质量，并由送货人开具包装异状记录，或在送货单上注明，同时通知保管员单独堆放，以便处理。

4．与发货单位交涉

交涉期间，对不合格品要妥善保管；如货主同意按实际情况验收入库时，应让货主在验收记录上签章。验收后，仍应将不合格品单存、单放，并填写入库验收单。

5．数量不符的处理

仓库在商品验收过程中，如发现商品数量与入库凭证不符时，必须做出详细记录，如表2-8所示。

表2-8 商品检验记录表

编号：

供货商		采购订单		入库通知单	
运单号		合同号		车号	
发货日期		到货日期		验收日期	

序号	商品名称	商品编号	规格型号	计量单位	应收数量	实际数量	差额

在数量验收中，计件物品应及时验收，发现问题要按规定的手续，在规定的期限内向有关部门提出索赔要求，否则超过索赔期限，责任部门对形成的损失将不予负责。

若实际验收数量小于送验数量并小于合同中的磅差率时，则以送验数量为验收数量。若实验数量大于送验数量时，则以送验数量为验收数量。若实验数量小于送验数量并大于合同中的磅差率时，经核实后立即通知货主，在货主未提出处理意见前，该物资不得动用。如供货单位来复磅，验收员应积极配合，提供方便；若供货单位不来复磅，验收员需提供到货登记表、检斤单、检尺单、铁路记录等相关验收证明材料并加盖公章。验收过程中如遇到严重问题应填写货物异常报告。

6．有单无货的处理

有单无货是指有关单据已到库，但在规定时间内货物未到。此时，应及时向货主反映，以便查询。若由于运输原因，同一批货物不能同时到达，对此应分单签收。

7．错验的处理

验收员在验收过程中发生数量、质量等方面的差错时，应及时通知货主，积极组织力量进行复验，及时更正。

8．商品串库的处理

商品串库是指应该送往甲库的商品误送到乙库。如初步检查发现串库现象，应立即拒收；如在验收细数中发现串库商品，应及时通知送货人办理退货手续，同时更正单据。

二、出库作业

商品出库作业是商品存储阶段的终止，也是仓库作业管理的最后一个环节。商品出库作业是仓库根据业务部门或存货单位开出的商品出库凭证（提货单、调拨单等），按其所列商品的编号、名称、规格、型号、数量等项目，组织商品出库的一系列工作的总称。

（一）出库作业流程（见图2-2）

商品出库一般要经过出库准备、接收出库指令、签发出库单、备货、货物包装、货物复核、货物出库、货物登账、现场和档案整理等环节的流程，如图2-2所示。

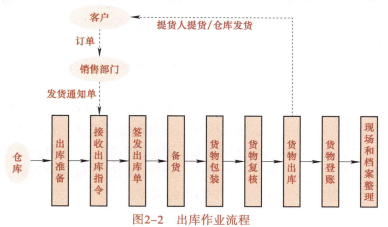

图2-2　出库作业流程

1．出库准备

出库必须遵循"先进先出，推陈储新"的原则，使仓储活动的管理实现良性循环。

2．接收出库指令

销售部门接收到客户订单，要求出货。销售人员对客户发送的订货单的时间，以及证章和签名是否完整、正确进行审核，审核通过后按要求向客户签发提货单并向仓库签发发货通知单。

3．签发出库单

仓库部门收到发货通知单后，审核其准确性、完整性及签字。审核通过后，签发出库单。

4．备货

出库单经复核无误后，出库管理人员按其所列的项目内容和凭证批注，与编号货位进行核对，核实后核销"物资明细卡"上的存量，按规定的批次备货。如属自提货物，首先要审核提货凭证的合法性和真实性，其次要核对品名、型号、规格、单价、数量、收货单位、有效期等。

出库物品应附有质量证明书或副本、磅码单、装箱单等，机电设备、电子产品等商品的说明书及合格证等应随货同付。备料时，应本着"先进先出，推陈储新"的原则，易霉易坏的先出，接近失效期的先出。

在备货过程中，凡计重货物一般以入库验收时标明的重量为准，不再重新计重。需分割或拆捆的应根据情况进行。

（1）拣货。按照出库单所列货位的储位，找到该货位，按规定要求和先进先出的原则，将货物拣选出来。

（2）销卡。在物资出库时，应先销卡后出货。

（3）核对。按照货位找到相应的货物后，出库管理人员要按"以表对卡，以卡对货"要求进行账、卡、物的核对。

（4）点数。出库管理人员要仔细清点出库物资的数量，防止出现差错。

（5）搬运。将要出库的货物预先搬运到指定的备运区，以便能及时装运。

5．货物包装

出库物品的包装必须完整、牢固，标记必须正确清楚，如有破损、潮湿、捆扎松散等不能保障运输中安全的情况，应加固整理，破包破箱不得出库。各类包装容器上若有水渍、油迹、污损等情况，也均不能出库。

出库物品如需托运，包装必须符合运输部门的要求，选用适宜的包装材料，其重量和尺寸应便于装卸和搬运，以保证货物在途的安全。

出库货物进行包装时，严禁相互影响和性能相互抵触的物品混合包装。包装后，要写明收货单位、到站、发货号、本批总件数、发货单位等信息。仓库理货人员要清理原包装，清除积尘、沾物。对原包装已残损的，要更换包装。为方便收货方的收转，理货员要在应发物资的外包装注明收货方的简称；置唛在物资外包装的两侧，字迹清楚，不错不漏；注意粘贴标签，必须牢固，便于物流的周转。

6．货物复核

为了保证出库物品不出差错，备货后应进行复核。出库的复核形式主要有专职复核、交叉复核和环环复核三种。除此之外，在发货作业的各道环节上，都贯穿着复核工作。例如，理货员核对单货，守护员凭票放行，账务员核对账单等。这些分散的复核形式，起到分头把关的作用，都有助于提高仓库发货业务的工作质量。

复核的内容包括：品名、型号、规格、数量是否同出库单一致；配套是否齐全；技术证件是否齐全；外观质量和包装是否完好，是否符合客户和运输要求。只有加强出库的复核工作，才能防止错发、漏发和重发等事故的发生，出库复核人员按照出库凭证上所列的项目，对备运区待出库的货物品名、规格、数量、包装进行再次核对，以保证物资出库的准确性。

7. 货物出库

（1）提货人到仓库提货。提货人凭提货单到仓库提货，仓库管理人员审核通过后，会同提货人共同验货，逐件清点，经复核无误后，将物资交给提货人。提货人清点无误后与仓库管理人员共同在出库单上签字完成出库程序。

（2）仓库负责送货。仓库负责给客户送货的，装车前仓库管理人员应对车厢进行清扫和必要的铺垫，督促装车人员妥善装车。货物送达后，送货人会同收货人签署出库单证、送货单，交付随货单证和资料，办理货物交接。

8. 货物登账

货物全部出库完毕，仓库应及时将货物从仓储保管账上核销，以便做到账、卡、物一致，将留存的提货单证、送货单、记录、文件等汇总整理归档。

9. 现场和档案整理

经过出库的一系列工作程序之后，实物、账目和库存档案等都发生了变化。应按下列几项工作彻底清理，使保管工作重新趋于账、物、资金相符的状态。

（1）按出库单，核对结存数。

（2）如果该批货物全部出库，应查实损耗数量，在规定损耗范围内的进行核销，超过损耗范围的查明原因，进行处理。

（3）一批货物全部出库后，可根据该批货物入库的情况、采用的保管方法和损耗数量，总结保管经验。

（4）清理现场，收集苫垫妥善保管，以待再用。

（5）代运货物发出后，收货单位提出数量不符时，属于重量短少而包装完好且件数不缺的，应由仓库保管机构负责处理；属于件数短少的，应由运输机构负责处理。若发出的货物品种、规格、型号不符，由保管机构负责处理。若发出的货物损坏，应根据承运人出具的证明，分别由保管机构负责处理。

在整个出库作业过程中，复核和交接是两个最为关键的环节。复核是防止差错的重要和必不可少的措施，而交接则是划清仓库和提货方两者责任的必要手段。

（6）由于提货单位任务变更或其他原因要求退货时，可经有关方同意，办理退货。退回的货物必须符合原发的数量和质量，要严格验收，重新办理入库手续。当然，未移交的货物不必检验。

（二）出库作业的要求

在货物出库作业过程中要严格执行出库规章制度，做到"三不、三核、五检查"。此外，应严格执行各项规章制度，提高服务质量，杜绝差错事故，使客户满意。仓库要制定好发货制度，并要求其他部门提前提交发货通知单。

其中，"三不"是指未接单据不翻账、未经审单不备货、未经复核不出库；"三核"是指在发货时，要核实凭证、核对账卡、核对实物；"五检查"是指对单据和实物要进行品名检查、规格检查、包装检查、件数检查、重量检查。

（三）出库作业常见问题及处理措施

货物在出库时，往往会由于各种原因而出现一些异常情况，比如无单据取货、出库数量不符等，造成交易双方一些不必要的矛盾与纠纷。在货物的出库过程中，主要会出现以下问题：

1. 出库凭证（提货单）上的问题

（1）出库凭证是货物出库的重要凭证，但有时也会出现客户所出示的出库凭证超出了提货期限的情况。如果出库凭证超过提货期限，客户前来提货，必须先让客户办理好手续并按规定交纳逾期仓储保管费，然后方可发货。任何非正式凭证都不能作为发货凭证。提货时，客户发现规格开错，保管员不得自行调换规格发货。

（2）如果发现出库凭证有疑点，如出库凭证假冒、复制、涂改等情况时，应及时与保卫部门及开具出库单的单位联系，妥善处理。

（3）商品进库未验收，或者期货未进库的出库凭证，一般暂缓发货，并通知货主，待货到并验收后再发货，提货期顺延。

（4）如果客户因各种原因将出库凭证遗失，客户应及时与仓库发货员和财务人员联系挂失。如果挂失时货已被提走，保管人员不承担责任，但要协助货主单位找回商品；如果货还没有提走，经保管人员和账务人员查实后，做好挂失等登记，将原凭证作废，缓期发货。

2. 提货数与实存数不符

出库时可能会出现提货数量与货物实存数量不符的情况，且一般是实存数小于提货数。造成这种现象的原因有很多，在商品的进库、保管、出库等环节都可能出现问题，从而使实际商品的库存数量小于账面数量。无论是何种原因造成的，都需要和货主单位及时取得联系后再做处理。

3. 串发货和错发货

所谓串发货和错发货，主要是指发货人员由于对物品种类规格不很熟悉，或者由于工作中的疏漏把错误规格、数量的物品发出库的情况。如果物品尚未离库，应立即召回，重新发货。如果物品已经离开仓库，保管人员应及时向主管部门和货主通报串发货和错发货的品名、规格、数量、提货单位等情况，会同货主单位和运输单位共同协商解决。一般在无直接经济损失的情况下，由货主单位重新按实际发货数冲单（票）解决；如果形成直接经济损失，应按赔偿损失单据冲转调整保管账。

4. 包装破漏

包装破漏是指在发货过程中，因物品外包装破损引起的渗漏等问题。这类问题主要是在储存过程中因堆垛挤压、发货装卸操作不慎等情况引起的，因此商品发货时都应经过整理或更换包装，方可出库，否则造成的损失应由仓储部门承担。

5. 漏记账和错记账

漏记账是指在出库作业中，由于没有及时核销明细账而造成账面数量与实存数不符的现象。错记账是指货物在出库后核销明细账时没有按实际发货出库的商品名称、数量等登记，从而造成账实不符的现象。

无论是漏记账和错记账，一经发现，除及时向有关领导如实汇报情况外，同时还应根据原出库凭证查明原因调整保管账。使之与实际库存保持一致。如果漏记账和错记账给货主单位、运输单位和仓储单位造成了损失，应予赔偿，同时应追究相关人员的责任。

冷链物流中心
智能库项目流程

任务实施

情景一 操作过程

步骤1：编制入库作业计划

入库作业计划

No._____

送货单位：　　　　　仓库：　　　　　预入库日期：　　年　月　日

货物品名	型　号	数　　量	时　　间	所需资源	备　注

说明_____
_____
_____
_____

步骤2：入库准备

说明过程_____
_____
_____
_____

步骤3：货物接运

注意些什么_____
_____
_____
_____

步骤4：核查入库凭证

核查些什么_____
_____
_____
_____

步骤5：货物验收

填写商品检验记录表：

商品检验记录表

编号：

供货商		采购订单		入库通知单	
运单号		合同号		车号	
发货日期		到货日期		验收日期	

序号	商品名称	商品编号	规格型号	计量单位	应收数量	实收数量	差额

步骤6：入库存放

说明过程_____

_____

_____

_____

步骤7：办理交接手续

填写入库单：

入库单

No._____

货主单位：　　　　　　　　　　　　　　　　　入库日期：　年　月　日

物资编号	品名	规格	单位	数量	检验	实收数量	备注

合计：　　　　　　　　库管员：　　　　　　　　制单员：

注：本单一式三联，第一联-送货人联；第二联-财务联；第三联-仓库存查。

说明过程_____

_____

_____

_____

情景二　操作过程

步骤1：供应商填制送货单

送货单

No._____

单位：　　　　　　　　　　　　　　　　　　　日期：　年　月　日

品名	规格	单位	数量	单价（元）	金额（元）	备注

接收单位：　　　　　　　　　　　　　　　　　制单：

送货单位：　　　　　　　　　　　　　　　　　司机：

出现的问题_____
_____
_____
_____

步骤2：验收货物

填制入库检验单。

入库检验单

入库检验单号：

供应商：　　　　　　　　　　　　　　　　　　　　　　　　日期：　　年　月　日

品　名	规　格	单　位	单价（元）	金额（元）	应 收 数 量	实 收 数 量	检 验 结 果	备　注

检验员：　　　　　　　　　主管：　　　　　　　　　详细检验时间：

说明货物验收时出现的问题_____
_____
_____
_____
_____

步骤3：验收标准

具体说明验收时应用到的标准_____
_____
_____
_____

步骤4：验收结果及处理措施（可自行设计表格）

智能仓储与配送

说明_____
_____
_____
_____

情景三　操作过程

步骤1：分析依据

说明_____
_____
_____
_____

步骤2：情景中的问题

说明_____
_____
_____
_____

步骤3：解决措施

说明_____
_____
_____
_____

效果评价

序　号	评价内容	满　分	得分结果
1	熟悉入库作业流程	10	
2	合理填制入库单及入库检验单	10	
3	熟悉入库常见问题及处理措施	15	
4	能合理解决情景一的问题	20	
5	熟悉出库作业流程	10	
6	熟悉出库常见问题及处理措施	15	
7	能合理解决情景二、情景三的问题	20	
8	合　计	100	

任务二 堆 码

任务目标

知识目标
- 理解就地堆码的基本要求。
- 熟悉就地堆码的基本方法。
- 了解托盘组托的要求。
- 熟悉托盘组托计算过程。

技能目标
- 能够根据特殊货物属性选择合适的就地堆码方法。
- 能够准确地计算出组托数据。
- 能够按要求绘制托盘组托简图。
- 能够根据入库信息制订出合理的组托方案。

素质目标
- 培养独立思考的能力。
- 培养工匠精神。

职业素养:最美快递员——物流人才的"工匠精神"

职业素养 工匠精神

在学习和操作堆码过程中,除了要学会堆码的方法和操作的技巧外,还要注意操作时垛型的稳定性、标准性和科学性。不稳定且不合标准的堆码会导致货物数量不符、压迫和倒塌,严重的还会造成人员伤害和经济损失。因此在学习中还需要物流学子们培养和坚守工匠精神,不管作业简单还是繁杂,都要做到精准、稳固、标准、科学可行。

任务情景

情景一:

广元露天仓库刚到一批货物要进行存放,等待货主10天后提货,仓储专员正准备进行入库存放。张某担任该仓库主管一职,试同张某一起分析和解决以下问题:

(1)如何将图2-3中这些货物放到货架上?有没有适合存放这些货物的货架?从便于盘点管理的角度应如何码放?

图2-3 待存放货物

（2）如何合理地安排图2-3中货物的正确堆码？试给出方案。

情景二：

京东兰州仓收到一份入库通知，请根据要求完成任务：

入 库 通 知

计划到货日期为明天上午10:00，内容如下：

品名：五金工具　　包装规格：500mm×300mm×1200mm

包装材质：松木　　单件毛重：50kg

包装标识限高：4层　数量：3600箱

注：垛型要求为重叠堆垛的平台垛。

如果此批货物露天堆存，你作为仓库管理员，请计算出至少需要多大面积的储位？如果目标存储区域地坪荷载为$2t/m^2$，可堆垛宽度限制为5m，试计算出计划堆成的货垛的垛长、垛宽及垛高各为多少箱。

情景三：

京东兰州仓今采购2种商品，都是纸箱包装的整件货物，仓储专员李海正准备进行入库存放。试同李海一起，思考如何将货物摆放在托盘上并安全上架。任务完成要求：

各小组同学可以在物流综合实训室里1号箱～6号箱中任选两种进行模拟堆码，每组托盘以4层为最大限高，托盘尺寸1200mm×1000mm，托盘重量20kg，要求组托稳定。

（1）制订出组托方案。

（2）现场拍照。

（3）要求拍摄俯视图和主视图，并贴在任务二活页区。

知识链接

在仓储入库作业中，货物必须经过相应的堆码活动才能进行存储保管。通常有两大类堆码活动：一类是集装体积较大、集装重量超过500kg以及因特殊要求无法放到货架上的货物，采取的堆码活动是就地堆码（可简称为堆码）；另一类是可以放到货架上存储的货物，采用托盘组托的堆码活动（可简称为组托）。下面详细介绍这两种堆码活动。

一、就地堆码

就地堆码是指根据货物的特性、形状、规格、重量及包装质量等情况，同时综合考虑地面的负荷、储存的要求，将货物分别叠堆成各种码垛。科学的货物堆码技术、合理的码垛，对提高入库货物的储存保管质量，提高仓容利用率，提高收发作业及养护工作的效率，都有着不可低估的重要作用。

（一）就地堆码的原则

（1）分类存放。

（2）选择适当的搬运活性。

（3）面向通道，不围不堵。
（4）尽可能地向高处码放，提高保管效率。
（5）注意上轻下重，确保稳固。
（6）根据出库频率选定位置。
（7）同一品种在同一地方保管。
（8）便于识别。
（9）便于点数。
（10）依据形状安排保管方法。

（二）就地堆码的基本要求

（1）合理。不同品种、型号、规格、牌号、等级、产地、单价的商品，应分开堆垛，以便合理保管；合理确定堆垛之间的距离和通道宽度，便于装卸、搬运和检查，垛距一般为0.5～0.8m，墙距≥0.5m，柱距≥0.3m，顶距≥0.5m，灯距≥0.5m，此外，库内主要通道宽度为2.5～4m。
（2）牢固。货物堆垛要牢固安全。
（3）定量。每行层力求成整数，便于清点发货。
（4）整齐。垛形有一定的规格，货垛排列整齐有序，包装标志一律朝外。
（5）节约。节省货位，提高仓库利用率。

（三）就地堆码的准备工作

商品堆码前，必须先做好准备工作，然后才能进行堆码。准备工作主要有：
（1）按进货的数量、体积、重量和形状，计算货垛的占地面积、垛高和计划采用的垛形。

计算公式如下：

$$占地面积 = \frac{总件数}{可堆层数} \times 每件商品底面积$$

$$可堆层数 = \frac{地坪单位面积最高负荷量}{单位面积重量}$$

$$单位面积重量 = \frac{每件商品毛重}{该件商品的底面积}$$

（2）确定垛高时，必须注意上层商品的重量不超过底层商品或其容器可负担的压力。整个货垛的压力不能超过地坪的允许载荷量。

（四）就地堆码方法

1. 重叠式堆码

重叠式堆码即各层码放方式相同，上下对应，如图2-4所示。这种方式的优点是工人操作速度快，包装货物的四个角和边重叠垂直，承载能力大。缺点是各层之间缺少咬合作用，容易发生塌垛。在货物低面积较大的情况下，采用这种方式具有足够的稳定性，如果再配上相应的紧固方式，则不但能保持稳定，还可以保留装卸操作省力的优点。

2．纵横交错式堆码

相邻摆放旋转90°，一层横向放置，另一层纵向放置，如图2-5所示。每层间有一定的咬合效果，但咬合强度不高。

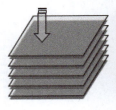   

图2-4　重叠式堆码　　　　　　　　　图2-5　纵横交错式堆码

3．仰俯相间式堆码

对上下两面有大小差别或凹凸的物品，如槽钢、钢轨等，将物品仰放一层，再反一面俯放一层，仰俯相向相扣，如图2-6所示。该垛极为稳定，但操作不便。

4．压缝式堆码

将垛底底层排列成正方形、长方形或环行，然后起脊压缝上码。由正方形或长方形形成的垛，其纵横断面成层脊形，适于阀门、缸、建筑卫生陶瓷等用品，如图2-7所示。即上层包装压在下层两个包装的缝上。其特点是稳固，不易倒垛；但不便于货物计算。

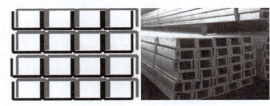  

图2-6　仰俯相间式堆码　　　　　　　图2-7　压缝式堆码

5．通风式堆码

需要防潮湿通风保管的商品，堆垛时每件商品和另一件商品之间都留有一定的空隙以利于通风，如图2-8所示。

6．栽柱式堆码

在货垛的两旁分别栽上两至三根木柱或者是钢棒，然后将材料平铺在柱间，每层或间隔几层在两侧相对应的柱子上用铁丝拉紧，以防倒塌，如图2-9所示。这种堆垛方式多用于金属材料中的长条形材料，例如圆钢、中空钢的堆码，适用于机械堆码，应用较为普遍。

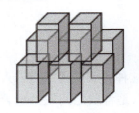  

图2-8　通风式堆码　　　　　　　　　图2-9　栽柱式堆码

7. "五五化"堆码

"五五化"堆码是以五为基本计算单位，堆码成各种总数为五的倍数的货垛，即大的商品堆码五五成方，小的商品堆码五五成包；长的商品堆码五五成行，短的商品堆码五五成堆；带眼的商品堆码五五成串，如图2-10所示。这种堆垛方式过目成数，清点方便，数量准确，不易出现差错，收发快，效率高，适用于按件计量商品。

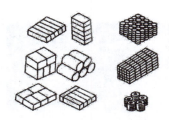

"五五化"堆码

图2-10 "五五化"堆码

二、苫垫

苫垫是指对堆码成垛的货物进行苫盖和垫垛，以防止各种自然条件对所储存商品的质量造成影响。

（一）苫盖

1. 苫盖的基本要求

（1）选择合适的苫盖材料。

（2）苫盖要牢固，特别是露天库场存放的物品。

（3）苫盖接口要紧密，要拴牢或压实，要有一定宽度的互相叠盖，不能留迎风接口或空隙；苫盖必须拉挺、平整，不得有折叠和凹陷，防止积水。

（4）苫盖的底部与垫垛平齐不远离或拖地。

2. 苫盖的材料

常见的苫盖材料有油毡、塑料、帆布、席子、铁皮等，如图2-11所示。根据不同的储存条件，以及货物的不同要求，采用适当的苫盖材料。

油毡　　　塑料　　　帆布　　　席子　　　铁皮

图2-11 常用苫盖材料

3. 苫盖方法

（1）就垛苫盖法。根据货垛的形状进行适当的苫盖，适用于起脊垛、方形垛或大件包装物品，一般采用大面积的苫布、席子、塑料膜等。就垛苫盖法操作便利，但基本不具有通风条件。因此，就垛苫盖法适用于对通风要求不高的物品，要注意保持地面干燥，如图2-12所示。

图2-12 就垛苫盖法

（2）鱼鳞式苫盖法。将苫盖材料从货垛的底部开始，自下而上呈鱼鳞式逐层交叠围盖。该法一般采用面积较小的席、瓦等材料苫盖。鱼鳞式苫盖法具有较好的通风条件，但每件苫盖材料都需要固定，操作比较繁琐复杂，如图2-13所示。

（3）隔离苫盖法。苫盖物不直接摆放在货垛上，而是采用隔离物使苫盖物与货垛间留有一定空隙。隔离物可用竹竿、木条、钢筋、钢管、隔离板等。此法优点是利于排水通风，如图2-14所示。

图2-13　鱼鳞式苫盖法　　　　　　　　　图2-14　隔离苫盖法

（4）活动棚架苫盖法。棚架四周及顶部铺围苫盖物，在棚柱底部装上滚轮，整个棚架可沿固定轨道移动。活动棚本身需要占用仓库位置，固定轨道要占用一定使用面积，需要较高的购置成本，如图2-15所示。

图2-15　活动棚架苫盖法

（5）固定棚架苫盖法。用预制的苫盖骨架与苫叶合装组成简易棚架，不需基础工程，可随时拆卸和人力移动，如图2-16所示。

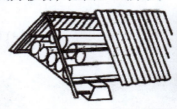 

图2-16　固定棚架苫盖法

（二）垫垛

1. 垫垛的基本要求

（1）所使用的衬垫物与拟存货物不会发生不良影响，具有足够的抗压强度。

（2）地面要平整坚实，衬垫物要摆平放正，并保持同一方向。

（3）衬垫物间距适当，直接接触货物的衬垫面积与货垛底面积相同，衬垫物不伸出货垛外。

（4）衬垫物要有足够的高度，露天堆场要达到40cm左右，库房内20cm上下即可。

2. 垫垛材料

常见的垫垛材料有石墩、水泥墩、枕木、木板、防潮纸等，如图2-17所示。

图2-17　垫垛材料

3．垫垛技术

常见的垫垛技术有垫木式、码架式、防潮纸式等，见图2-18所示。

图2-18　垫垛技术

三、托盘组托

货物在入库作业时，为了让货物稳固、安全、有序地摆上货架，要进行组托作业的操作。组托作业是整个入库作业中较重要的一个环节。

1．货物组托前的要求

（1）商品的名称、规格、数量、质量已经全部查清。

（2）商品已经根据物流的需求进行编码。

（3）商品外包装完好、清洁、标志清楚。

（4）部分受潮、锈蚀以及发生变化的不合格商品，已加工恢复或剔除。

（5）为便于机械化作业，准备组托的商品已经集装单元化。

2．货物组托操作中的要求

（1）组托整齐，货物组托后四边成直线。

（2）货物品种不混合，规格型号不混合，生产厂家不混合，批号不混合。

（3）组托要求奇偶压缝、旋转交错、缺口留中、牢固合理。

（4）不能超过货架的高度。

3．组托图绘制要求

（1）俯视图：从上方观察完成组托货物绘制的示意图（要注意最后一层的摆放位置。

当最后一层的箱数不满足一层的数量时，要将箱子尽量居中）。奇数层俯视图指第一、三、五……层的货物摆放俯视图；偶数层俯视图指第二、四、六……层的货物摆放俯视图。

（2）组托的计算：包括所需托盘的总数、整托每托货物数量、散托货物的数量。

（3）用文档工具或专业绘图工具绘制示意图，托盘尺寸和货物尺寸按比例绘制，并在图中标识。

（4）为示意图配上合适的文字说明。

4．货物组托计算

（1）计算托盘堆码的层数（向下取整）：

层数=（货架限高-托盘本身的高度-叉车上架作业距离）÷货物高度

（2）计算每层最多摆放的数量（向下取整）：

每层数量=托盘面积÷货物底面积

（3）确定所需托盘个数（向上取整）并得出整托或散托的数量：

托盘个数=货物总数÷（层数×每层数量）

5．举例说明

已知某货物需入库57箱，包装箱规格为460mm×270mm×230mm，托盘标准为1200mm×1000mm×160mm，货架限高1010mm，叉车上架的作业距离最少为150mm，试将物品码放在托盘上进行组托，要求旋转交错式组托。

解析过程：

（1）组托计算：

层数=（货架限高-托盘本身的高度-叉车上架作业距离）÷货物高度

=（1010-160-150）÷230

=3.04

≈3（向下取整）

每层数量=托盘面积÷货物底面积=（1200×1000）÷（460×270）=9.66≈9（向下取整）

托盘个数=货物总数÷（层数×每层数量）=57÷（3×9）=2.1≈3（向上取整）

即2个整托、1个散托。

（2）绘制组托图，如图2-19所示。

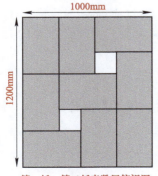
第一托、第二托奇数层俯视图

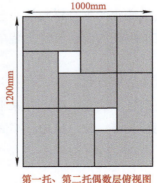
第一托、第二托偶数层俯视图

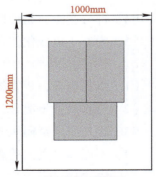
散托奇数层俯视图

图2-19　货物组托示意图

任务实施

情景一 操作过程

步骤1：选择合适的货架

图2-3中的货物需放到货架上，如何选择适合放这些货物的货架？

说明_____

_____

_____

_____

_____

步骤2：就地堆码

从便于盘点管理的角度对图2-3中货物进行就地堆码（可以利用教学现场提供的模拟教具），将模拟操作结果拍照后打印贴在下方对应的框中，并阐述其优缺点。

1. 原木

堆码模拟照片

（1）采用的堆码方案：
_____
_____
_____

（2）此堆码方法的优缺点：
_____
_____
_____
_____

2. 槽钢

堆码模拟照片

（1）采用的堆码方案：
_____
_____
_____

（2）此堆码方法的优缺点：
_____
_____
_____
_____

3. 条状木方

堆码模拟照片

（1）采用的堆码方案：
_____
_____
_____

（2）此堆码方法的优缺点：
_____
_____
_____
_____
_____

4. 化肥

堆码模拟照片

（1）采用的堆码方案：
_____
_____
_____

（2）此堆码方法的优缺点：
_____
_____
_____
_____
_____

5. 罐装货物

堆码模拟照片

（1）采用的堆码方案：
_____
_____
_____

（2）此堆码方法的优缺点：
_____
_____
_____
_____
_____

6. 球形货物

堆码模拟照片

（1）采用的堆码方案：
_____
_____
_____

（2）此堆码方法的优缺点：
_____
_____
_____
_____

情景二　操作过程

步骤1：就地堆码已知条件分析
_____
_____
_____
_____

步骤2：就地堆码计算过程详解
_____
_____
_____
_____

步骤3：就地堆码结论
_____
_____
_____
_____
_____

步骤4：就地堆码示意图

就地堆码示意图

情景三 操作过程（1）

步骤1：货物1入库货物信息

货物1名称	入库数量（箱）	包装规格（mm×mm×mm）	重量（kg）

步骤2：货物1托盘组托方案

（1）托盘层数的计算：

_____

（2）推盘每层摆放多少箱：

_____

（3）组托共需要几个托盘：

_____

（4）组托方式：

_____

步骤3：绘制货物1托盘组托方案俯视图（注意：图中要有详细的标注与文字解释）

步骤4：货物1托盘组托方案实施现场俯视图和侧视图

| 俯视图 | 侧视图 |

情景三　操作过程（Ⅱ）

步骤1：货物2入库货物信息

货物2名称	入库数量（箱）	包装规格（mm×mm×mm）	重量（kg）

步骤2：货物2托盘组托方案

（1）托盘层数的计算：

（2）推盘每层摆放多少箱：

（3）组托共需要几个托盘：

（4）组托方式：

步骤3：绘制货物2托盘组托方案俯视图（注意：图中要有详细的标注与文字解释）

智能仓储与配送

步骤4：货物2托盘组托方案实施现场俯视图和侧视图

俯视图	侧视图

效果评价

序　号	评价内容	满　分	得分结果
1	熟悉就地堆码与托盘组托的区别	10	
2	能合理解决情景一的问题	20	
3	合理选择就地堆码方法	10	
4	能合理解决情景二的问题	20	
5	准确计算就地堆码的数据	10	
6	能合理解决情景三的问题	20	
7	得出托盘组托的可行方案	10	
8	合　计	100	

任务三 库存控制

任务目标

知识目标
- 理解物动量分类法的含义、原理。
- 掌握物动量分析法的分类标准。
- 熟悉物动量分类法的步骤。
- 理解库存盘点的意义。
- 熟悉盘点的流程。
- 理解经济订货批量的含义。
- 掌握经济订货批量的参数意义。

技能目标
- 能够有效地提取物动量分析法中的有效数据。
- 能够熟练运用物动量分析法的计算流程,并得出可行的结论。
- 能够掌握库存盘点的内容和方法。
- 能够根据库存数据组织实施盘点,并制作单据。

素质目标
- 培养减少浪费的意识。
- 培养精益求精的理念。

职业素养:精益求精,减少浪费

职业素养 精益求精,减少浪费

党的二十大报告指出,中国式现代化是人与自然和谐共生的现代化,坚持可持续发展,坚持节约优先、保护优先、自然恢复为主的方针。

人与自然和谐共生是凭借节约资源和保护环境来实现的。仓储的货物就是整个物流企业的资源,无序的堆放、不科学的上架都会引起拣货延迟、出货错误、物流服务差评等现象,导致企业出现资源浪费和仓储成本居高不下的局面,无法实现企业环境与人力资源的共生。因此,作为物流学子要具备对货物储存状态进行科学控制的能力,避免库存出现缺货、涨库以及设备闲置、紧缺等现象。合理安排仓储资源与环境共生条件,尽可能地减少浪费,减低成本,提高企业服务水平。凭借这个过程我们可以培养精益求精、减少浪费的职业素养。

任务情景

情景一(I):

甘肃××商储集团的1号仓库保持有10种商品的库存,有关资料如表2-9所示。为了对这些库存商品进行有效的控制和管理,仓管员打算根据商品的价值大小进行分类。

表2-9　10种商品库存情况

商品编号	单价（元）	库存量（件）
a	4.00	300
b	8.00	1200
c	1.00	290
d	2.00	140
e	1.00	270
f	2.00	150
g	6.00	40
h	2.00	700
i	5.00	50
j	3.00	2000

（1）请用物动量分析法将这些商品进行分类。

（2）请阐述A类库存物资的管理方法。

分类标准：

A类：资金金额占总库存资金总额的60%～80%，品种数目占总库存品种总数的10%～30%。

B类：资金金额占总库存资金总额的10%～15%，品种数目占总库存品种总数的10%～30%。

C类：资金金额占总库存资金总额的0%～5%，品种数目占总库存品种总数的0%～40%。

情景一（Ⅱ）：

H公司是生产和销售手机的公司，产品包括高、中、低三个系列，共几十个型号，以满足各类客户的需求。H公司产品经过几年的努力，去年销量超过了200万台，年度销售额超过20亿元。

由于个人移动通信市场的激烈竞争，H公司与大多数企业一样，只在高端产品上保持了较好的利润，而中低端产品利润水平相对较低。因此，H公司的业务策略是以高端产品保利润，用低端产品扩大市场占有率。虽然高端产品具有较高的利润，但是其销售量却远小于低端产品，且销售量非常不稳定；而低端产品虽然利润低，但是销量大，且销量相对稳定。

H公司手机的特点是，高中低端产品的材料成本差异不大，主要以外观、附加功能等形成差异化。同时，由于手机更新换代速度非常快，每个型号的产品生命周期一般不超过6个月，积压的产品只能以较低的价格销售来清理存货，并会带来相应的损失。H公司发现今年上半年高端手机时常发生缺货，而中低端手机又时常发生因大量处理积压而导致不少损失。H公司计划部为解决这个问题，首先汇总了今年1到6月主要型号的销售情况和积压产品的数量，如表2-10所示。

表2-10　H公司主要型号销售与积压统计

型号	分类	销售量（万台）	平均单台利润（元）	平均单台成本（元）	平均积压库存（台）
T100	高端	4	500	1000	400
T200	高端	6	400	1000	600
M100	中端	5	300	900	500
M200	中端	5	200	900	500

（续）

型　号	分　类	销售量（万台）	平均单台利润（元）	平均单台成本（元）	平均积压库存（台）
M300	中端	10	150	950	1000
L100	低端	20	90	900	2000
L200	低端	30	80	800	3000
L300	低端	20	70	850	2000

针对这种状况，H公司计划部和销售部经过协商，决定采用ABC分类法对库存和供应进行分类管理，以便解决当前存在的问题，保证公司战略的实现。两部门协商确立了分类方法和管理策略，如表2-11所示。

表2-11　H公司产品分类方法和管理策略

产品种类	分类方法	管理策略
A类	单台利润≥400元	供应方面：重点保证供应 库存方面：宽松库存策略，较高的安全库存
B类	100元<单台利润<400元	供应方面：按预测保证供货 库存方面：适当从紧的控制库存，适当的安全库存
C类	单台利润≤100元	供应方面：严格不超出预测供货 库存方面：严格控制、零安全库存

根据以上案例，请回答下列问题：

（1）请根据案例中表2-10给出的统计结果，按照表2-11的分类方法，计算A、B、C三类产品在上半年的销售利润、销量和利润比例，并填入任务三活页区的表中。

（2）假定积压产品的处理损失平均为成本的30%，请根据表3-3的统计结果，计算H公司上半年ABC三类积压产品的处理损失金额，并填入任务三活页区的表中。

（3）根据盘点策略分析ABC三类产品对应的库存盘点策略。

情景二：

请同学们根据物流综合实训室内销售区的销售数据，对目前仓储区现有模拟商品进行盘点，任务要求：

（1）各小组组织盘点实施工作，并制作本组的盘点流程图。

（2）填写任务三活页区中的盘点相关单据。

情景三：

某企业全年需要甲零件1800件，每次订货成本500元，每年储存成本10元/件，价格15元/件。要求：根据以上资料计算甲零件的经济批量、最佳订货次数、总成本（保留整数）。

知识链接

一、物动量分析法及库存控制策略

（一）物动量分析法的含义

物动量分析法又称ABC分类法，源于帕累托效应。经济学家帕累托在研究财富的社会分配时得出一个重要结论：80%的财富掌握在20%人的手中，即"关键的少数和次要的多数"规律。这一普遍规律存在于社会的各个领域，称为帕累托效应。

一般来说，企业的库存物资种类繁多，每个品种的价格不同，且库存数量不等。有的物资品种不多但价值很大，而有的物资品种很多但价值不高。由于企业的资源有限，因此在进行存货控制时，要求企业将注意力集中在比较重要的库存物资上，依据库存物资的重要程度分别管理，这就是ABC分类管理的思想。

（二）物动量分析法的库存原理

物动量分析法就是将库存物资按品种和占用资金的多少分为特别重要的库存（A类）、一般重要的库存（B类）和不重要的库存（C类）三个等级，然后针对不同等级分别进行管理与控制。分类的标准是库存物资所占总库存资金的比例和所占总库存物资品种数目的比例。这在库存上暗示着相对比较少的库存物资有可能具有相当大的影响或价值，对这些少数品种物资管理的好坏就成为企业经营成败的关键。因此需要在实施库存管理时对各类物资分出主次，并根据不同情况分别对待，突出重点。

（三）物动量分析法的一般步骤

某仓库的重型货架的出库周报表数据如表2-12所示，其中$M_1 \sim M_{10}$、$P_1 \sim P_{10}$和$N_1 \sim N_{10}$表示商品每周对应的出库量；物动量分类标准按表2-13执行。设：$Z_1 \sim Z_{10}$表示每个商品的在研究时间内的周转量；W表示所有商品的总周转量的和；$S_1 \sim S_{10}$表示每个商品在总周转量中的占比；$C_1 \sim C_{10}$表示每个商品在总周转量中的累计占比。

表2-12　出库周报表

货品编码/条码	货品名称	第一周出库量（箱）	第二周出库量（箱）	第三周出库量（箱）
6902774003017	商品1	M_1	P_1	N_1
6932425987656	商品2	M_2	P_2	N_2
6918010061360	商品3	M_3	P_3	N_3
6920907800173	商品4	M_4	P_4	N_4
6944848456589	商品5	M_5	P_5	N_5
6932010061877	商品6	M_6	P_6	N_6
6944848456282	商品7	M_7	P_7	N_7
6932010061829	商品8	M_8	P_8	N_8
6932010061907	商品9	M_9	P_9	N_9
6944848456350	商品10	M_{10}	P_{10}	N_{10}

表2-13　物动量分类标准

分类	A	B	C
累计周转量所占比重	$0 < C_A \leq C_2$	$C_2 < C_B \leq C_5$	$C_5 < C_C \leq 100\%$

下面来进行物动量分析法的解析步骤。

步骤一：计算每种商品三周的总周转量，即$Z_1 = M_1 + P_1 + N_1$，见表2-14的第2列。

步骤二：将出库量这一列的数值进行降序排列，保证数值$Z_1 > Z_2 > Z_3 > \cdots > Z_{10}$。

步骤三：计算每个商品的周转量占比，即$S_1 = Z_1 / W$，见表2-14的第3列。

步骤四：计算每个商品的累计周转量占比，即$C_1 = S_1$，$C_2 = S_1 + S_2$，见表2-14的第4

列。此处需要注意的是累计数值一定是 $C_1<C_2<C_3<\cdots<C_{10}$，并且 C_{10} 的数值一定为100%，否则就重新计算。

步骤五：根据表2-13的分类标准对表2-14第4列的数值进行判断，即 C_1、C_2 都在A类的标准内，因此商品1和商品2都为A类，见表2-14的第5列。

表2-14 物动量分析表

第 1 列 货品名称	第 2 列 周转量（箱）	第 3 列 周转量占比	第 4 列 累计周转量占比	第 5 列 分类结果
商品1	Z_1	$S_1=Z_1/W$	$C_1=S_1$	A
商品2	Z_2	$S_2=Z_2/W$	$C_2=S_1+S_2$	A
商品3	Z_3	$S_3=Z_3/W$	$C_3=C_2+S_3$	B
商品4	Z_4	$S_4=Z_4/W$	$C_4=C_3+S_4$	B
商品5	Z_5	$S_5=Z_5/W$	$C_5=C_4+S_5$	B
商品6	Z_6	$S_6=Z_6/W$	$C_6=C_5+S_6$	C
商品7	Z_7	$S_7=Z_7/W$	$C_7=C_6+S_7$	C
商品8	Z_8	$S_8=Z_8/W$	$C_8=C_7+S_8$	C
商品9	Z_9	$S_9=Z_9/W$	$C_9=C_8+S_9$	C
商品10	Z_{10}	$S_{10}=Z_{10}/W$	$C_{10}=C_9+S_{10}=100\%$	C
合计	$W=Z_1+Z_2+\cdots+Z_{10}$	—	—	—

结论：
A类商品为商品1、商品2。
B类商品为商品3、商品4、商品5。
C类商品为商品6、商品7、商品8、商品9、商品10。

（四）物动量分析法对应的管理与控制措施

对库存进行ABC分类之后，要根据企业的经营策略对不同级别的库存进行不同的管理和控制。

（1）A类库存物资数量虽少但对企业最为重要，是需要严格管理和控制的库存。企业必须对这类库存定时进行盘点，详细记录及经常检查物资使用、存量增减、品质维持等情况，加强进货、发货、运送管理，在满足企业内部需要和客户需要的前提下维持尽可能低的经常库存量和安全库存量，加强与供应链上下游企业的合作以降低库存水平，加快库存周转率。

（2）B类库存的状况处于A类库存和C类库存之间，因此对这类库存的管理强度介于A类库存和C类库存之间。对B类库存进行正常的例行管理和控制即可。

（3）C类库存物资数量最大但对企业的重要性最低，因而被视为不重要的库存。对于这类库存一般进行简单的管理和控制。比如，大量采购大量存储、减少这类库存的人员和设施、库存检查时间间隔长等。

二、库存盘点策略

（一）盘点的流程

盘点的流程如图2-20所示。

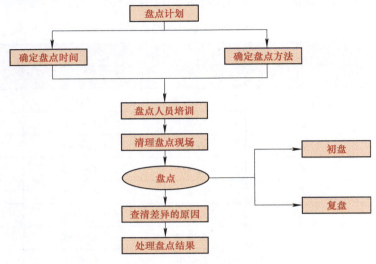

图2-20 盘点流程图

1. 盘点计划

盘点工作开始前，需制订明确的盘点计划，具体包括确定盘点时间和确定盘点方法。

（1）确定盘点时间。决定盘点时间时，既要防止过久盘点对公司造成的损失，又要考虑配送中心资源有限、商品流动速度较快的特点，在尽可能投入较少资源的同时，加强库存控制，可以根据商品的不同特性、价值大小、流动速度、重要程度来分别确定不同的盘点时间，盘点时间间隔可以是每天、每周、每月或每年盘点一次不等。例如，A类主要货品每天或每周盘点一次，B类货品每两三周盘点一次，C类不重要的货品每月盘点一次即可。另外必须注意的问题是，每次盘点持续的时间应尽可能短，全面盘点以4~6天内完工为佳，盘点的日期一般会选择在：

1）财务结算前夕。通过盘点计算损益，以查清财务状况。

2）淡季进行。因淡季储货较少，业务不太繁忙，盘点较为容易，投入资源较少，且人力调动也较为方便。

（2）确定盘点方法。因盘点的场合、要求不同，盘点的方法也有差异，为满足不同情况的需要，尽可能快速准确地完成盘点作业，所采用的盘点方法要对盘点有利，不至于盘点时混淆。盘点方法可分为账面盘点法和现货盘点法。

2. 盘点人员培训

确定盘点时间和盘点方法后，还需根据所要盘点货物和仓库自身特点对盘点人员进行具体的培训，以确保盘点工作准确、顺利地进行。

3. 清理盘点现场

盘点作业开始之前必须对盘点现场进行整理，以提高盘点服务业的效率和盘点结果的准确性，清理工作主要包括以下几个方面的内容：

1）盘点前对已验收入库的商品进行整理并归入储位，对未验收入库属于供货商的商品，应区分清楚，避免混淆。

2）盘点场关闭前，应提前通知，对于需要出库配送的商品提前做好准备。

3）账卡、单据、资料均应整理后统一结清以便及时发现问题并加以预防。

4）预先鉴别变质、损坏的商品。

5）对储存场所堆码的货物进行整理，特别是对散乱货物进行收集与整理，以方便盘点时计数。

4．盘点

准备工作全部完成后，组织盘点人员对库存进行盘点，包括初盘和复盘。

5．填写盘点单

盘点完成后，填写盘点单，如表2-15所示。

表2-15 盘点单

储位号码	物品名称	单位	账面结存	盘点数	增加数	减少数	调整后的实际库存	备注
需说明的问题								

制表人：　　　　　　　　盘点人：　　　　　　　　复盘人：

6．查清差异的原因

盘点的结果与库存记录有差异时，需查清差异的原因，常见的有以下情况：

1）记账员登记数据时发生错登、漏登等情况。

2）账务处理系统管理制度和流程不完善，导致货品数据不准确。

3）盘点时发生漏盘、重盘、错盘现象，导致盘点结果出现错误。

4）盘点前数据未结清，使账面数不准确。

5）出入作业时产生误差。

6）由于盘点人员不尽责导致货物损坏、丢失等后果。

7．处理盘点结果

查清原因后，为了通过盘点使账面数与实物数保持一致，需要对盘点盈亏和报废品一并进行调整。

（1）填写盘点盈亏汇总表（见表2-16）。

表2-16 盘点盈亏汇总表

储位号码	物品名称	账面资料		实盘资料		盘盈		盘亏		差异原因
		数量	金额	数量	金额	数量	金额	数量	金额	
合计										

盘点人：　　　　　　　　复盘人：　　　　　　　　汇总人：

（2）填写物品盘点调整表（见表2-17）。

表2-17 物品盘点调整表

储位号码	物品名称	单位	规格	账面数额			盘点实存			数量盈亏				价格增加				原因说明	负责人	备注
										盘盈		盘亏		盘盈		盘亏				
				数量	单价	金额	数量	单价	金额	数量	金额	数量	金额	数量	金额	数量	金额			

总经理　　　　　　　财务经理　　　　　　　仓储经理　　　　　　　制表人

注：第一联是仓库联，第二联是财务联，第三联是存根。

（二）库存盘点的内容和方法

盘点的内容与方法

1. 库存盘点内容

（1）查数量。通过点数计数查明商品在库的实际数量，核对库存账面资料与实际库存数量是否一致。

（2）查质量。检查在库商品质量有无变化，有无超过有效期和保质期，有无长期积压等现象，必要时还须对商品进行技术检验。

（3）查保管条件。检查保管条件是否与各种商品的保管要求相符合，如堆码是否合理稳固，库内温度是否符合要求，各类计量器具是否准确等。

（4）查库存安全状况。检查各种安全措施和消防器材是否符合安全要求，建筑物和设备是否处于安全状态。

2. 库存盘点方法

（1）账面盘点法。账面盘点法是对各种商品分别设立"存货账卡"，然后将每种商品的出入库数量及有关信息记录在账面上，逐笔汇总出账面库存结余量。

（2）现货盘点法。现货盘点法是对库存商品进行实物盘点的方法。按盘点时间频率的不同，现货盘点又分为期末盘点和循环盘点。

1）期末盘点法。期末盘点法是指在会计计算期末统一清点所有商品数量的方法。由于期末盘点是将所有商品一次点完，因此工作量大、要求严格。通常采取分区、分组的方式进行。分区即将整个储存区域划分成若干个责任区，每个责任区由专门的小组负责点数、复核和监督，因此，一个小组通常至少需要三个人，由不同的人分别负责清点数量并填写盘存单、复查数量并登记复查结果，以及核对前二次盘点数量是否一致，对不一致的结果进行检查。等所有盘点结束后，再与计算机或账册上反映的账面数核对。

2）循环盘点法。循环盘点法是指在每天、每周销售一部分商品时，一个循环周期将每种商品至少清点一次的方法。循环盘点通常对价值高或重要的商品检查的次数多，而且监督也严密一些，而对价值低或不太重要的商品盘点的次数可以尽量少。循环盘点一次只对少量商品盘点，所以通常只需保管人员自行对照库存数据进行点数检查，发现问题按盘点程序进行复核，并查明原因，然后调整。

三、经济订货批量

（一）经济订货批量的概念

经济订货批量（Economic Order Quantity，EOQ）是固定订货批量模型的一种，可以用来确定企业一次订货（外购或自制）的数量。当企业按照经济订货批量来订货时，可实现订货成本和储存成本之和最小化。

提出订货批量的概念是为根据订货成本来平衡和维持存货成本。两者关系的关键一点是，平均存货等于订货批量的一半。因此，订货批量越大，平均存货就越大，相应地，每年的维持成本也越大。然而，订货批量越大，每一计划期需要的订货次数就越少，相应地，订货总成本也就越低。购进库存商品的经济订货批量，是指能够使一定时期购、存库存商品的相关总成本最低的每批订货数量。企业购、存库存商品的相关总成本包括购买成本、相关订货费用和相关储存成本。简单地说，经济订货批量模型的目标是要识别能够使存货维持和订货的总成本降低到最低限度的订货批量或订货时间。

经济订货批量模型是目前大多数企业最常采用的货物定购方式，该模型适用于整批间隔进货、不允许缺货的存储问题，即某种物资单位时间的需求量为 d，存储量以单位时间消耗数量 d 的速度逐渐下降，经过时间 T 后，存储量下降到零，此时开始订货并随即到货（即提前订货时间为零），库存量由零上升为最高库存量 Q，然后开始下一个存储周期，形成多周期存储模型（见图2-21）。

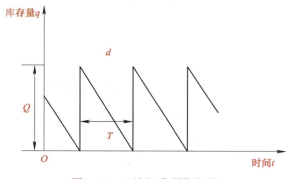

图2-21　经济订货周期规律

（二）储备存货相关成本

1. 订货费用

可以根据采购部门单位时间内的总管理费用，使用加权方法来计算某项订货单的费用，即以总的购买价格或总的购买量为基础通过一定程序的加权计算，来求得订货费用。但是要十分注意这项方法是否对每一个具体情况都适用。提出每一项订货单实际需要的费用是差别很大的，而谈判巨额供货合同的费用还可能占订货费用的一大部分。

2. 存贮及其他费用

有些类别费用是随着存贮数量的变化而变化的；而有些类别费用在相当长时间内保持不变，如租金、地方税、人员薪金及折旧费等，并不受库存总额的影响。至于供暖、照明、用于操作的设备等，其费用有一部分是固定不变的，有一部分则是变动不定的。保险费的开支一般根据平均库存量来计算，并加上一些其他的因素。通常，仓库的固定存贮费用是很大的，这项固定费用加上很多较小的随着库存数量的增加而变化的变动不定的费用，就是总的存贮费用。

（三）EOQ的确定

最优订货批量反映了持有成本与订货成本之间的平衡。年持有成本等于库存平均持有量与单位年持有成本的乘积，而平均库存是单位订货批量Q的一半，用C_1表示存储单位物资单位时间内的费用，则有年持有成本$=C_1Q/2$。可见，年持有成本随订货批量的增加而增加。

单次订货成本与持有成本不同，对订货批量反应比较迟钝；无论订货批量是多少，特定活动都得照样进行，如确定需求量、定期评价供应源、准备发货单等。因而单次订货成本一般是固定的，年订货成本是年订货次数与单次订货成本（用C_2表示）的函数。一般情况下，年订货次数等于D/Q，这里D为年总需求。则有年订货成本$=C_2D/Q$。可见，一旦订货批量增大，年订货成本就会下降。

年总成本由库存的持有成本和订货成本两部分组成，若每次订货Q单位，则有年总成本$=$年持有成本$+$年订货成本，即$TC=QC_1/2+DC_2/Q$。这里C_1与C_2单位必须相同。总成本（TC）曲线呈U形，并在持有成本与订货成本相等的订货批量Q^*处达到最小值（见图2-22）。由此可以推导得到经济订货批量的表达公式为

$$EOQ = Q^* = \sqrt{\frac{2C_2D}{C_1}}$$

因此，给定年总需求D、每批订货成本C_2和每单位货物年持有成本C_1即可求出经济订货批量EOQ，进一步得到年最小总成本。

年订货次数：
$$N = \frac{D}{EOQ} = \sqrt{\frac{DC_1}{2C_2}}$$

平均订货间隔周期：
$$T = \frac{365}{N} = \frac{365 EOQ}{D}$$

最小成本：
$$TC_{min} = \sqrt{2D \times C_1 \times C_2}$$

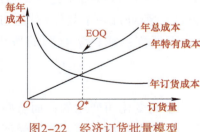

图2-22 经济订货批量模型

情景一(I) 操作过程

步骤1：ABC分类标准的确定

分类项目	累计资金占比标准	累计品种占比标准
A类		
B类		
C类		

步骤2：数据计算

根据已知数据，按照商品所占金额从大到小的顺序排列（首先要把10种商品各自的金额计算出来），计算结果填入下表。

商品编号	单价	库存量	金额	金额占比	累计金额占比	品种占比	累计品种占比	分类结果

步骤3：物动量结论

根据以上表格的计算结果，按照ABC分类管理方法，可以对该企业的库存进行分类，结论填入下表。

分类项目	分类结论	每类金额（元）	库存品种数百分比	占用金额百分比
A类				
B类				
C类				

A类库存物资的管理方法：

说明_____

_____

情景一（Ⅱ） 操作过程

步骤1：库存分类情况

请根据案例中表2-10给出的统计结果，按照表2-11的分类方法，计算ABC三类产品在上半年的销售利润、销量和利润比例，并填入下表。

产品分类	销售利润（万元）	销售比例	利润比例
A类			
B类			
C类			
合计			

步骤2：库存控制策略

假定积压产品的处理损失平均为成本的30%，请根据表2-10的统计结果，计算H公司上半年ABC三类积压产品的处理损失金额，并根据盘点策略分析ABC三类产品对应的库存盘点策略。

产品分类	积压产品处理损失（万元）	库存盘点策略
A类		
B类		
C类		
合计		

情景二 操作过程

步骤1：制作本组的盘点流程图

盘点流程图

步骤2：分类标准

分类项目	周转率占比标准	品种占比标准
A类		
B类		
C类		

步骤3：分析销售数据

货品名称	品种所占比重	累计品种所占比重	周转量	周转量所占比重	累计周转量所占比重	分类结果

步骤4：现场盘点完成盘点相关单据

盘点单

储位号码	物品名称	单位	账面结存	盘点数	增加数	减少数	调整后的实际库存	备注
需说明的问题								

制表人：　　　　　　　　盘点人：　　　　　　　　复盘人：

盘点盈亏表

储位号码	物品名称	账面资料		实盘资料		盘盈		盘亏		差异原因
		数量	金额	数量	金额	数量	金额	数量	金额	
合计										

盘点人：　　　　　　　　复盘人：　　　　　　　　汇总人：

物品盘点调整表

储位号码	物品名称	单位	规格	账面数额			盘点实存			数量盈亏				价格增加				原因说明	负责人	备注
				数量	单价	金额	数量	单价	金额	盘盈		盘亏		盘盈		盘亏				
										数量	金额	数量	金额	数量	金额	数量	金额			

总经理　　　　　　财务经理　　　　　　仓储经理　　　　　　制表人

步骤5：盘点策略

货品分类	库存盘点策略
A类	
B类	
C类	

情景三　操作过程

步骤1：确定已知条件

$D=$ _____ 件；$C_2=$ _____ 元；$C_1=$ _____ 元；$P=$ _____ 元

步骤2：计算过程

1. 经济订货批量：EOQ= _____ （公式）

   = _____ （数字）= _____ （结论）

2. 最佳订货次数：$N=$ _____ （公式）

   = _____ （数字）= _____ （结论）

3. 最小成本：$TC_{min}=$ _____ （公式）

   = _____ （数字）= _____ （结论）

效果评价

序号	评价内容	满分	得分结果
1	熟悉物动量分类法的原理与应用	10	
2	能合理解决情景一（Ⅰ）的问题	20	
3	熟悉物动量分类法的计算过程	10	
4	能合理解决情景一（Ⅱ）的问题	20	
5	熟悉盘点策略的内容与方法	10	
6	能合理解决情景二的问题	20	
7	能合理解决情景三的问题	10	
8	合　　计	100	

任务四　储位管理与储位分配

任务目标

知识目标

- 理解储位管理的基本目标和基本原则。
- 理解储位编码的要求和方法。
- 熟悉三号定位法、四号定位法。
- 理解储位分配中各存储策略的概念。
- 熟悉各种存储策略的优缺点。

技能目标

- 能够合理运用储位管理的基本要素和关联要素。
- 能够根据案例情景应用储位编码方法并演练。
- 能够根据库房、货场、货架的属性编制储位号。
- 熟悉并掌握存储策略的适用条件。
- 能够根据案例情景模拟存储策略并得出优化结论。

素质目标

- 培养自主探究能力和动手能力。
- 培养团队合作意识。

职业素养：团队合作能力的重要性

职业素养　自主探究　团队合作

储位管理与储位分配的学习中有很多情景分析需要团队合作才能完成。从收集数据、分析数据到制作方案等环节都需要团队成员积极探索和分工处理，在这个过程中不断培养自主探究和团队合作的能力。

任务情景

情景一：

某物资供应站仓库平面图、货位编码规则、货位层与列的示意图及商品储位情况等详细资料见任务四活页区。

要求：

（1）填写四号定位法的应用。

（2）请找出所列商品所在的仓位编码（见任务四活页区）。

（3）请找出所列货位中存放的商品（见任务四活页区）。

情景二：

兰州京东仓的地堆区、托盘货架区、电子标签货架区现各有一批新到的货物要进行入库上架活动（情景资料见图2-23、图2-24、图2-25）。李海担任主管一职，试同李海一起分析和探索：如何确定上架摆放位置才能提高出库时的分拣效率？

智能仓储与配送

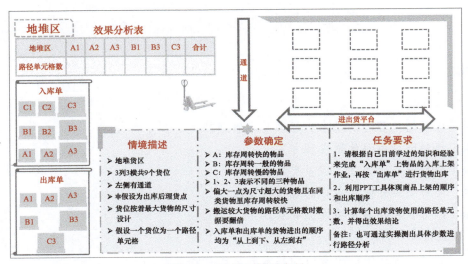

图2-23 地推区情景资料

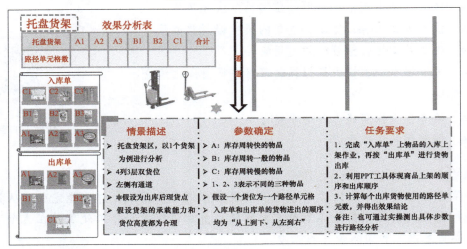

图2-24 托盘货架区情景资料

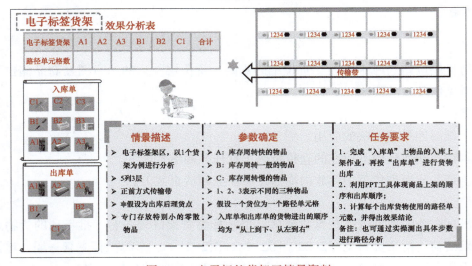

图2-25 电子标签货架区情景资料

知识链接

一、储位管理

现代仓储管理与传统的仓储管理相比，更加注重仓储的时效性，是一种动态的管理，重视商品在拣货出库时的数量位置变化，从而配合其他仓储作业。储位管理，就是利用储位来使商品处于"被保管状态"并且能够明确显示所储存的位置，同时当商品的位置发生变化时能够准确记录，使管理者能够随时掌握商品的数量、位置及去向。

（一）储位管理的基本目标

（1）空间利用的最大化。
（2）劳动力和设备的有效使用。
（3）货物的方便存取。
（4）货物的有效移动。
（5）货物的良好保养。
（6）便于管理。

（二）储位管理的原则

1. 储位标识明确

先将储存区域详细划分，并加以编号，让每一种预备存储的商品都有位置可以存放。此位置必须是很明确的，而且经过储位编码的，不可以是边界含糊不清的位置，例如走廊、楼上、角落或某商品旁等。需要指出的是，仓库的过道不能当成储位来使用，虽然短时间会得到一些方便，但会影响商品的进出，违背了储位管理的基本原则。

2. 商品定位有效

依据商品保管方式的不同，应该为每种商品确定合适的储存单位、储存策略、分配规则，以及其他储存商品要考虑的因素，将货品有效地配置在先前所规划的储位上。例如，冷藏的商品须放在冷藏库，流通速度快的商品应该放置在靠近出口处，香皂不应和食品放在一起，等等。

3. 变动更新及时

当商品被有效地配置在规划好的储位上之后，接下来的工作就是储位的维护，也就是说商品不管是因拣货取出，或是被淘汰，或是受其他作业的影响其位置或数量发生了改变时，都必须及时地把变动情形加以记录，以使记录数量与实物数量能够完全吻合，如此才能进行管理。由于此项变动登录工作非常繁琐，仓库管理人员在繁忙的工作中会产生惰性，因此这个原则是进行储位管理中最困难的部分，也是各项仓库储位管理作业的关键所在。

（三）储位管理的对象

1. 保管商品

保管商品是指在仓库的储存区域中的保管商品，由于各类商品对作业、储放搬运、拣货等方面有特殊要求，因此在保管时会采取很多种保管方式，例如托盘、箱、散装等，这些商品虽然在保管单位上有很大差异，但都必须用储位管理的方式加以管理。

2．非保管商品

（1）包装材料。包装材料主要是指一些标签、包装纸等包装用的材料。由于现在商业企业促销、特卖及赠品等活动增加，使得仓库的贴标、重新包装、组合包装等流通加工比例增加，对包装材料的需求也愈来愈大，因此必须对这些材料加以管理，如果管理不善，出现欠缺或破损情况，就会影响整个仓储作业的进行。

（2）辅助材料。辅助材料主要是指一些托盘、箱、容器等搬运器具。随着流通器具的标准化，仓库对这些辅助材料的需求愈来愈大，依赖也愈来愈重。为了不影响商品的搬运，就必须对这些辅助材料进行管理，制订专门的管理办法。

（3）回收材料。回收材料主要是指经补货或拣货作业拆箱后剩下的空纸箱。虽然这些空纸箱都可回收利用，但是其形状不同，大小不一，若不保管起来，很容易造成混乱，从而影响其他作业，因此必须划分一些特定储位来对这些回收材料进行管理。

（四）储位管理的要素

储位管理时要考虑储位空间、货品、人员等基本要素，以及搬运、输送、存放设备与资金等关联要素。

1．储位管理的基本要素

（1）储位空间。仓库从功能上可分为仓储型仓库和流通型仓库，所以在储位空间的分配上，对于仓储型仓库，主要是仓库保管空间的储位分配；而对于流通型仓库，则为便于拣货及补货进行储位分配。在进行储位分配时，首先要确定储位空间，考虑空间大小、柱子排列、梁下高度、过道、设备作业半径等基本因素，再结合其他因素，才能合理安排储存商品。

（2）货品。管理放在储位上的商品，要考虑商品本身的影响因素，这些因素主要有：

1）供应商。商品的供货渠道，是自己生产的还是购入的，有没有行业特点。

2）商品特性。商品的体积大小、重量、单位、包装、周转率、季节性的分布及自然属性，温湿度的要求，气味的影响等。

3）数量的影响。如生产量、进货量、库存量、安全库存量等。

4）进货要求。采购前置时间，采购作业特殊要求。

5）品种种类。商品类别、规格大小等。

然后决定如何放置，摆放时应该考虑：

- 储位单位（单个、箱、托盘）。
- 储位策略（定位存储、随机存储、分类存储、还是分类随机存储，或是其他的分级、分区存储）。
- 储位分配原则：以周转率为基础，方便存取。
- 商品特性。
- 补货的方便性。
- 单位在库时间。
- 订购频率。

货品摆放好后，就要进行有效的在库管理，随时掌握库存状况，了解其种类、数量、位置、入出库状况等所有资料。

（3）人员。人员包括仓管人员、搬运人员、拣货补货人员等。仓管人员负责管理及盘点作业，拣货人员负责拣货作业，补货人员负责补货作业，搬运人员负责入库、出库作业及翻堆作业（为了商品先进先出、通风、气味避免混合等目的）。

在仓库作业中，人员在存取和搬运货品时，讲求的是省时、高效。而在照顾员工的条件下，讲求的是省力。因此要达成存取效率高、省时、省力，则作业流程方面要合理化；储位配置及标示要简单、清楚，一目了然，且要好放、好拿、好找；表单要简单、标准化。

2．储位管理的关联要素

（1）搬运与输送设备。在选择搬运设备时，要考虑商品特性、商品的单位、容器、托盘等因素，以及仓储作业的流程、储位空间的分配等，还要考虑设备成本与人员操作的方便性。

（2）存放设备。选择存放设备时同选择搬运输送设备时考虑的要素基本一致，如先考虑货品的特性、货品的单位、容器、托盘等基本条件，再选择适当的设备配合使用。

（3）资金。资金要有预算，如果超出预算，要看是否能够产生相应效益。

3．储位管理方法

储位管理的基本方法就是对储位管理原则的灵活运用，具体步骤如下：

（1）先了解储位管理的原则，应用这些原则来判别自己商品的储放需求。

（2）对储放空间进行规划配置，空间规划配置的同时选择储放设备及搬运设备。

（3）对这些保管区域与设备进行储位编码和商品编号。

（4）储位编码与商品编号完成后，选择用什么分配方式把商品分配到所编好码的储位上，可选择人工分配、计算机辅助分配、计算机全自动分配等方法进行分配。

（5）商品分配到储位上后，要对储位进行维护。要做好储位的维护工作，除了使用传统的人工表格登记外，也可应用更有效率、更科学的方法来执行。而要让维护工作能持续不断地进行还需借助一些核查与改善的方法来监督与鼓励。

以上就是储位管理的进行步骤与方法。另外，在确定储位时还应注意以下几点：

- 根据商品特性来储存。
- 大批量使用大储区，小批量使用小储区。
- 储存笨重、体积大的品种在较坚固的层架底层及接近出货区。
- 储存轻量商品在有限的载重层架。
- 相同或相似的商品尽可能靠近储放。
- 滞销的商品或小、轻及容易处理的品种使用较远储区。
- 周转率低的商品尽量远离进货、出货区及较高的区域。
- 周转率高的物品尽量放于接近出货区。

二、储位编码

储位编码是指在分区、分类和划好货位的基础上，将仓库的库房、货场、货棚及货架等存放商品的场所（对象），划分为若干货位，然后按储存地点和位置排列，采用统一标记，编列货位的顺序号码，并做出明显标志，以方便仓储作业。

（一）储位编码的要求

1．对标志设置的要求

因地制宜，采取适当方法，选择适当位置。例如：粉末类货物的标志印在天花板上，货棚中的标志印在柱或墙上。

2．对标志制作的要求

统一使用阿拉伯数字和英文字母，辅以不同直径的圆圈标示不同处的储位。例如：库房标志直径$d=24cm$；通道、支道标志直径$d=16cm$。

3．对编号顺序的要求

基本上以进门的方向左单右双或自左而右的规则进行。

4．对段位间隔的要求

段位间隔的宽窄，取决于储存货物批量的大小。

（二）储位编码方法

1．库房编码

（1）库房编码的基本要求：

1）库房、货棚、货场齐备的仓库，编号时对库、棚、场应加以区别，可加注"棚"或"场"等字样。无加注即库房编号。

2）对多层库房编号，可采用"三号定位"或"四号定位"法。

3）为防止库、棚、场在有相同编号时造成混乱，可在首数字后加字母K、P、C区别。如"13P-15-14-28"，即13号货棚、15号货架、第14层、第28号货位。

4）货位号要记入保管账、卡的"货位号"栏中，如果商品调整了货位，账、卡上的货位号应同时调整。

（2）三号定位法。三号定位法是指一个货位用三个数字表示，第一个数字表示仓库编号，第二个数字表示楼层编号，第三个数字表示仓间编号，如图2-26所示。

（3）四号定位法。四号定位法即将库房或货棚编号、货区或货架位置、货区排次或货架层次编号、商品具体位置或顺序编号，组成一组数字表示货位号，如图2-27所示。

图2-26　三号定位法

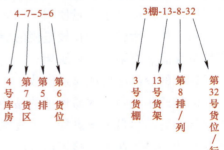

图2-27　四号定位法

2．货场货位编码

（1）按照货位的排列，先编排号，再在排号内按顺序编号，如图2-28所示。

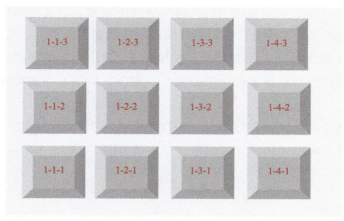

图2-28 货场1货位编码图

（2）不编排号，采取自左至右和自前至后的方法，按顺序编号，如图2-29所示。

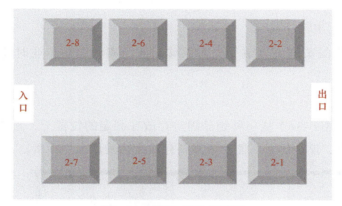

图2-29 货场2货位编码图

3．货架货位编码

（1）以排为单位的货架货位编码。将库房内所有的货架，以进入库门的方向，自前到后编号，再对每排货架的夹层或格眼，在排的范围内按自上而下、从左到右的顺序编号，如图2-30所示。

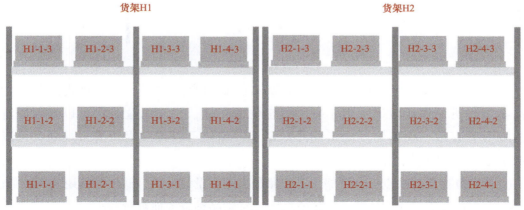

图2-30 货架货位编码

（2）以品种为单位的货架货位编码。将库房内的货架，以货物品种划分储存区域，再以品种占用储存区域的大小分区编码，继而进行格眼编码。

（3）以货物编码代替货架货位编码。本方法适合进出频繁的零星货物，可避免两套编码的麻烦，在编码时要掌握货架格眼的大小、多少，以便与存放货物的数量、体积大小相适应。

例：某类货物编码从10101至10109，储存货架的一个格眼可放10个编号的货物，则在货架格眼的木档上制作10101-10的编号，并以此类推。

三、储位分配

（一）储位分配的含义

储位分配是指根据已确定的商品分类保管方案、仓容定额，规划和确定库房和货场的货位摆放形式。

（二）储位分配策略

良好的储位指派策略可以减少出入库移动的距离，缩短作业时间，甚至能够充分利用存储空间。

1. 固定存储

固定存储（见图2-31）指一种物品固定存放在固定的位置上，货物不能串位存放。规划储位时要注意，储位容量不能小于需要存放货物的最大库存量。

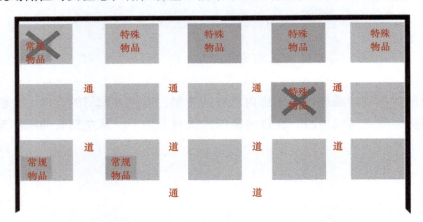

固定存储

图2-31　固定存储

（1）固定存储的优点：每一种货物都有固定的存放位置，方便拣货人员拣货，提高拣货人员的作业效率；由于货物固定位置存储，规划储位时，可以将不同特性的货物分开存放，使货物间的影响降到最小；储位可以按照周转量来规划，可以缩短搬运距离，提高搬运作业效率。

（2）定位存储的缺点：由于储位是按照最大库存量设计的，储位的使用效率较低。

（3）定位存储的适用情况：储区空间大；货物品种较多而数量较小。

2. 随机存储

随机存储即货物的储存位置是随机产生的，任何一种物品可以摆放在任何一个位置上。一般来说，随机存储是由仓储管理人员按照工作习惯来操作的。

随机存储

（1）随机存储的优点：储位的使用效率较高，可以最大限度地利用储位空间。

（2）随机存储的缺点：仓库的管理难度大，给盘点、拣货作业造成困难；周转量大的货物可能被放在距离出口较远的储位上，降低了搬运装卸效率；容易造成货物的相互伤害或者由于化学特性不同的货物毗邻存放而发生危险。

（3）随机存储的适用情况：仓库空间有限；储存货物的品种少；货物体积较大。

3. 分类存储

分类存储（见图2-32）即对需要存放的货物按照一定的特性进行分类，每一类货物存放在固定的位置区域上，而同一类中的不同物品又按一定的法则来指派储位。

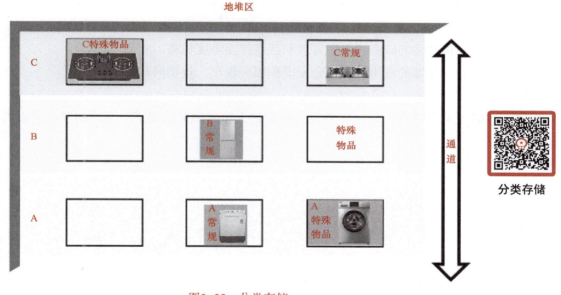

图2-32 分类存储

（1）分类存储的优点：具备固定储存的各项优点；各分类的储存区域可根据物品特性再做设计，有利于存储管理。

（2）分类存储的缺点：由于储位必须按每一类物品最大库存设计，降低了储位的使用效率。

（3）分类存储的适用情况：货物的相关性比较大，经常一起出库；货物周转率差别大；货物尺寸差别大。

4. 分类随机存储

分类随机存储（见图2-33）是指每一类货物都有固定的储存位置区域，在每一类货物的固定储区内，货物的指派是随机的。

智能仓储与配送

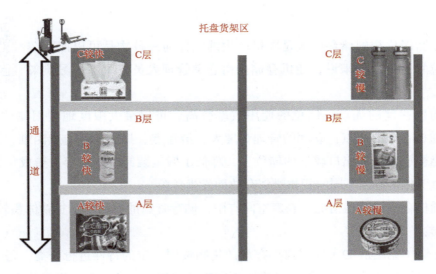

图2-33 分类随机存储

（1）分类随机存储的优点：较分类存储而言，可节省储位数量，提高储区的使用效率。

（2）分类随机存储的缺点：入库管理和盘点作业难度较高。

（3）分类随机存储的适用情况：仓库面积相对较小，货物的品种又多。

5．共享存储

共享存储（见图2-34）是指在确定各种货物入库时间的前提下，不同的货物可以共用同一储位。

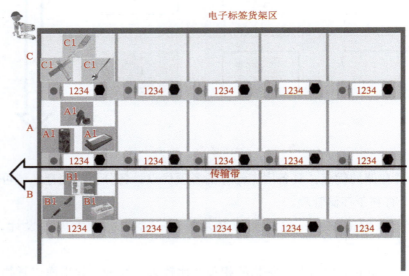

图2-34 共享存储

（1）共享存储的优点：节省储存空间，提高作业效率。

（2）共享存储的缺点：需要清楚货物的到库时间，管理难度较大。

（3）共享存储的适用情况：货物的品种少，流转很快。

项目二 | 仓储业务实施

任务实施

情景一 操作过程

仓库平面图

E区（食品）
| 1 | 2 | 3 |

C区（餐具或工具）
| 2 |
| 1 |

D区（生物）
| 2 |
| 1 |

A区（交通类）
| 2 |
| 1 |

B区（家居）
| 2 |
| 1 |

货位编码规则

第一位	第二位	第三位	第四位
区号	排	列	层

货位层与列的示意图

6-1	6-2	6-3	6-4	6-5	6-6
5-1					
4-1					
3-1					
2-1					
1-1					1-6

货位层与列的示意图

3-1	3-2	3-3	3-4	3-5	3-6
2-1					
1-1					1-6

商品储位情况（可裁剪）

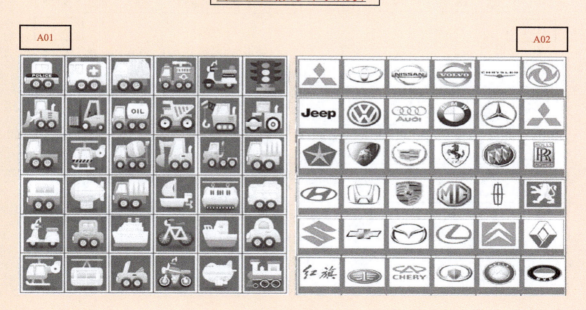

097

智能仓储与配送

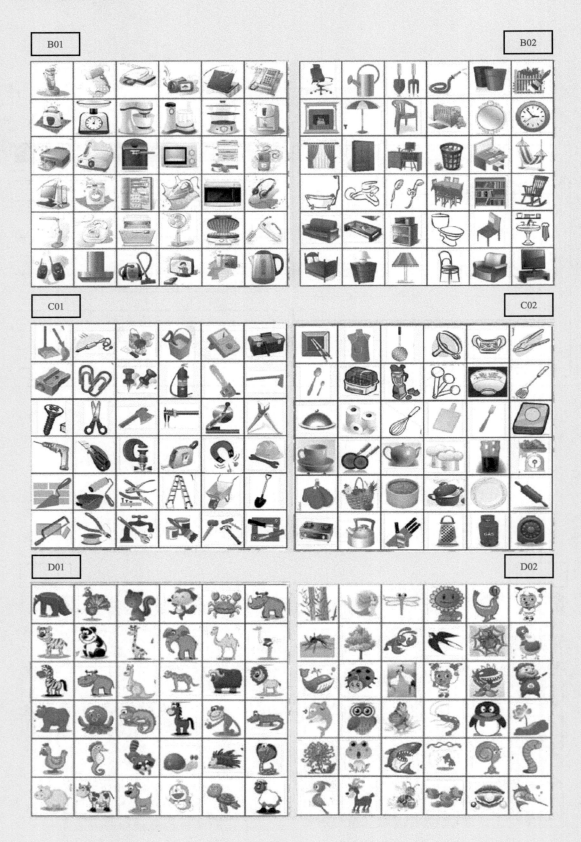

098

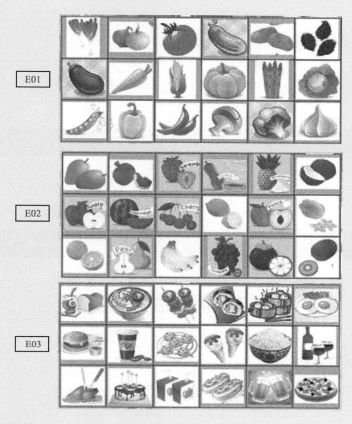

步骤1：知识巩固

请应用"四号定位法"，填写"14-1-7-4"表示的意思和"AK-14-7-1"表示的意思。

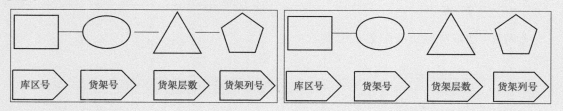

步骤2：仓位编码

（1）请找出下列商品所在的仓位编码。

（2）请找出下列货位中所存放的商品。

D020406	A020404	E030205	C010505	B020406	E010306
B010304	C020403	D010503	E020204	A010502	C020105

情景二（1）地堆区操作过程

步骤1：分析依据

（1）地堆区储位分配方法：
_____
_____

（2）储位分配依据和目的：
依据_____

目的_____

步骤2：地堆区储位分配效果图展示

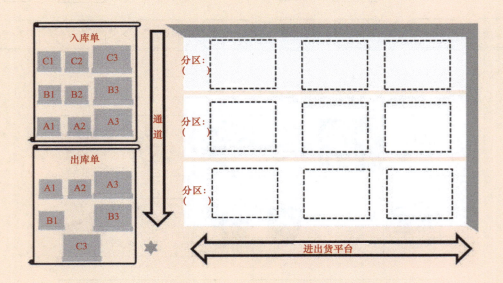

步骤3：效果分析

得出出库时"路径单元格模拟效果分析表"。

路径单元格模拟效果分析表

地 堆 区	A1	A2	A3	B1	B3	C3	合计
路径单元格数							

步骤4：效果比较

各小组间利用Excel分析数据，将各组路径单元格数进行比较，导出效果比较图。

粘贴效果比较图

情景二（Ⅱ）　托盘货架区操作过程

步骤1：分析依据

（1）托盘货架区储位分配方法：
_____
_____

（2）储位分配依据和目的：
依据_____
目的_____

步骤2：托盘货架区储位分配效果图展示

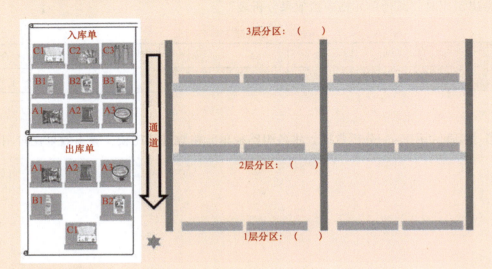

步骤3：效果分析

得出出库时"路径单元格模拟效果分析表"。

路径单元格模拟效果分析表

托盘货架区	A1	A2	A3	B1	B2	C1	合计
路径单元格数							

步骤4：效果比较

各小组间利用Excel分析数据，将各组路径单元格数进行比较，导出效果比较图。

粘贴效果比较图

情景二（Ⅲ） 电子标签区操作过程

步骤1：分析依据

（1）电子标签区储位分配方法：

_____

_____

（2）储位分配依据和目的：

依据_____

目的_____

步骤2：电子标签区储位分配效果图展示

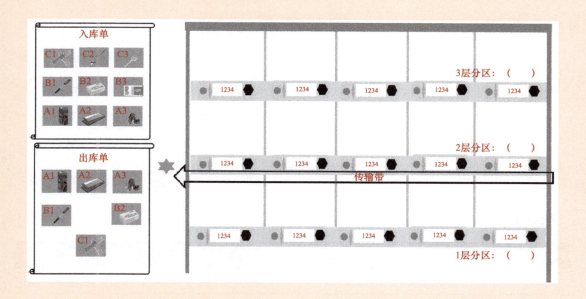

步骤3：效果分析

得出出库时"路径单元格模拟效果分析表"

路径单元格模拟效果分析表

电子标签货架区	A1	A2	A3	B1	B2	C1	合计
路径单元格数							

步骤4：效果比较

各小组间利用Excel分析数据，将各组路径单元格数进行比较，导出效果比较图。

粘贴效果比较图

效果评价

序号	评价内容	满分	得分结果
1	熟悉储位管理要素	10	
2	能合理解决情景一的问题	10	
3	熟悉储位编码方法	10	
4	熟悉储位分配策略	10	
5	能合理解决情景二（Ⅰ）的问题	20	
6	能合理解决情景二（Ⅱ）的问题	20	
7	能合理解决情景二（Ⅲ）的问题	20	
8	合　　计	100	

项目三
Project 3
配送业务实施

知识部分
- ✦ 订单处理流程、问题订单类型及处理
- ✦ 补货的基本方式、补货时机及注意事项
- ✦ 配货作业流程、配货作业管理
- ✦ 退货原因及作业流程

实施部分
- ✦ 分拣作业方法的选择与应用
- ✦ 订单与拣货单之间转换方法的应用
- ✦ 分拣策略的应用

任务一　配送作业分析

任务目标

知识目标
- 理解配送的意义。
- 熟悉配送作业的流程。
- 熟悉配送作业中各环节的应用。

技能目标
- 能够掌握配送作业环节的操作原理。
- 能够根据案例情景分析出配送的流程。

素质目标
- 培养自学的能力。
- 培养推广物流行业对社会贡献的意识。

职业素养：疫情期间配送中心发挥的作用

职业素养　推广物流行业对社会的贡献

随着电商行业的不断普及和壮大，物流配送服务项目也随之不断地提档升级以适应市场需求，而物流配送作业中每一个环节的提升都会带来整个物流成本的减低。2020年新冠疫情的暴发影响了各行各业，配送效率成为防控工作得以快速实现的保障，物流配送也成为最为忙碌和关键的领域之一，物流配送人员竭尽全力为抗疫工作做出自身的贡献，更加体现了物流行业在社会活动中的重要性。

任务情景

京东是中国的综合网络零售商，是中国电子商务领域受消费者欢迎和具有影响力的电子商务网站之一，在线销售家电、数码通信、计算机、家居百货、服装服饰、母婴、图书、食品、在线旅游等大类数万个品牌百万种优质商品。京东已经建立华北、华东、华南、西南、华中、东北六大物流中心，同时在全国超过360座城市建立核心城市配送站。

京东商城将为开放平台商家提供操作规范的逆向物流以及上门取件、代收货款等专业服务。已经开通全国360个大中城市的配送业务，近1 000家配送站，并开通了自提点、社区合作、校园合作、便利店合作等形式，可以满足诸多商家以及消费者个性化的配送需求。为了全面满足客户的配送需求，京东打造了万人的专业服务团队，拥有四通八达的运输网络、遍布全国的网点覆盖，以及日趋完善的信息系统平台，提供211限时达、次日达、极速达、夜间配、自提柜等高效的配送服务。

知识链接

国家标准《物流术语》（GB/T 18354—2021）对于配送的解释为：根据客户要求，对物品进行分类、拣选、集货、包装、组配等作业，并按时送达指定地点的物流活动。

一般来说,配送在整个物流过程中既包括集货、储存、拣货、配货、装货等一系列狭义的物流活动,也包括输送、送达、验货等以送货上门为目的的商业活动,它是商流与物流紧密结合的一种综合的、特殊的复合性供应链环节,也是物流过程中的关键环节。由于配送直接面对消费者,最直观地反映了供应链的服务水平,所以配送"在恰当的时间、地点,将恰当的商品提供给恰当的消费者"的同时,也应将优质的服务传递给客户。

配送作业主要有订单处理、进货、储存、分拣、配货、送货、补货、退货等环节,下面做详细介绍。

一、订单处理作业

订单处理是指"有关客户和订单的资料确认、存货查询和单证处理等活动"(《物流中心作业通用规范》GB/T 22126—2008),详细指从接到客户订货开始到准备着手拣货为止的作业阶段,对客户订单进行品项数量、交货日期、客户信用度、订单金额、加工包装、订单号码、客户档案、配送货方法和订单资料输出等一系列的技术工作。订单处理属于事务流程。

在库存管理的整体作业中,订单处理通常扮演着十分重要的角色。从本质上讲,整个物流过程都是为了完成订单而发生的,其作业绩效影响到库存管理的每项作业。而且订单处理的许多环节都是直接与客户打交道,因此,订单处理水平的高低直接决定了物流服务水平。

1. 订单处理的方法

(1)人工处理。人工处理具有灵活性和应变弹性等优点,但只适合少量订单的处理,而且速度缓慢,容易出错。

(2)计算机处理。对于要求处理速度快的大量订单,通常采用计算机处理方式,计算机处理不但速度快、效率高,而且成本较低。

2. 订单内容

(1)订单表头档包含的内容:订单号、订货日期、客户名称、客户采购单号、送货日期、送货地址、配送批次、付款方式、业务员号、配送要求、订单形态、备注等。

(2)订单详细档包含的内容:订单号、商品代码、商品名称、商品规格、商品单价、订购数量、订购单位、金额、折扣、交易类别。

(3)订单相关档案资料说明(见表3-1)。

表3-1 订单相关档案资料说明

序号	相关档案资料	说明
1	客户资料	实用完整客户资料,能为配送中心对市场预测做出正确分析,能对配送过程中出现的问题及时处理,提高工作效率与服务水平
2	物品资料	替代性物品、物品价格结构、最小订货单位、单位换算、物品单位体积及物流单位重量等资料
3	库存资料	已采购未入库、可分配量、已分配量等资料
4	促销信息	赠品、兑换券、价格/数量折扣等信息
5	客户寄存资料	客户因促销期间大量订购但先寄放在库中,还未出货的资料
6	流通加工资料	客户要求分装、重新包装(如礼盒),或赠品的包装等资料
7	客户应收账款资料	企业在正常的经营过程中因销售商品、产品、提供劳务等业务,应向购买单位收取的款项,包括应由购买单位或接受劳务单位负担的税金、代购买方垫付的各种运杂费等

3．订单处理的内容和步骤

（1）确认客户订单。首先通过人工或电子方式进行订单资料输入，然后对订单资料进行基本检查，如果有错误的订单，须传回客户修改。库存管理部门接受客户订货的方式主要有传统订货方式和电子订货方式两大类。

1）传统订货方式（见图3-1）。完成这些工作需人工输入资料而且经常需要重复输入或填写，并且在输入输出过程中经常造成时间耽误或产生人为错误，造成无谓的浪费。尤其现今客户更趋向于多品种、小批量、高频度的订货，且要求快速、准确无误地配送，传统订货方式已逐渐无法满足客户的需求。

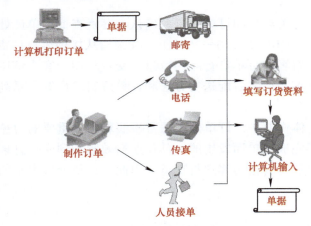

图3-1　传统订货方式

2）电子订货方式（Electronic Order System，EOS）。供应链企业之间可以应用电子订货系统或者是ERP系统实现远程订货。

电子订货对销售零售业来说，下单快速、准确且简便；商品库存适量化，只订购所需数量，可分多次下单；完全适应多品种、小批量和高频率的订货方式；缩短交货时间，减少因交货出错的缺货概率和减少进货、验货作业。对于供应商而言，电子订货方式简化接单作业，缩短接单时间，减少人工处理错误，使接单作业更加快捷、正确和简便；减少了退货处理作业；满足用户多品种、小批量和高频率的订货要求；缩短交货的前置时间。

（2）确认订单资料。对于输入的订单资料，需要确认的项目至少有以下几个：①用户信誉；②货品名称、数量、日期；③交易价格；④加工包装方式；⑤确认交易方式。

（3）存货查询。根据订单的需求，订单处理作业部分要对所需物品进行查询，其结果不外乎三种情况：①库存足够或可用替代品足够，则按正常程序组织拣货作业。②库存不够而且没有替代品，如果客户允许过期交货，则立即组织采购。③库存不够而且没有替代品，如果客户不允许过期交货，则应重新调整订单。

（4）确定拣货方式。拣货方式分为按单一订单拣取、批次拣取两种方式（具体内容详见本项目任务二）。

（5）输出拣货清单。订单处理作业部门将客户订单资料进行计算机处理，生成并打印出拣货清单（见表3-2）。拣货清单上标明储位编号，并按储位顺序来排列货物，作业人员据此拣货，可以缩短拣货路径，调货拣货作业效率。

表3-2 拣货清单

拣货单编号：			拣货时间：				
客户名称：			拣货人员：				
			审核人员：				
			发货日期：		年 月 日		
序号	储位编号	货物名称	包装单位			拣取数量	备注
			整托盘	箱	单件		

4．订单处理作业的管理

（1）订单处理作业的跟踪。订单的执行必须要适时跟踪，订单的状态随着作业流程相应地发生变动，对订单进行跟踪，不仅能更好地管理订单的处理及执行，还可满足客户希望了解订单处理状态信息的要求。

（2）异常情况下的订单处理。

1）客户取消订单。客户取消订单常常会造成许多损失，因此在业务处理上需要与客户就此问题进行协商。若目前订单处于已分配未出库状态，则应从已分配未出库销售资料里找出此订单，将其删除，并恢复相关品项的库存资料（库存量/出库量）；若此订单处于已拣货状态，则应从已拣货未出库销售资料里找出此笔订单，将其删除，并恢复相关品项的库存资料（库存量/出库量），且将已拣取的商品按拣货的相反顺序放回拣货区。

2）客户增订。如果客户在出货前临时打电话来增加订购某商品，那么作业人员要先查询客户的订单目前处于何种状态，是否还未出货，是否还有时间再去拣货。

若接受增订，则应追加此笔增订资料；若客户订单处于已分配状态，则应修改已分配未出库销售资料文件里这笔订单的资料，并更改商品库存档案资料（库存量/出库量）。

3）拣货时发生缺货。拣货时发现仓库缺货，则应从已拣货未出库销售资料里找出这笔缺货订单资料，加以修改。若此时出货单据已打印，则须重新打印。

4）配送前发生缺货。当配送前装车清点时才发现缺货，则应从已拣货未出库销售资料里找出此笔缺货订单资料，加以修改。若此时出货单据已打印，则须重新打印。

5）送货时客户拒收/短缺。配送人员送货时，若客户对送货品项、数目有异议予以拒收，或是发生少送或多送，则回库时应从在途销售资料里找出此客户的订单资料加以修改，以反映实际出货资料。

二、进货作业

进货亦即组织货源。其方式有两种：①订货或购货（表现为配送主体向生产商订购货物，由后者供货）；②集货或接货（表现为配送主体收集货物，或者接收客户所订购的货物）。前者的货物所有权（物权）属于配送主体，后者的货物所有权属于客户。

三、储存作业

储存即按照客户提供的要求并依据配送计划将购到或收集到的各种货物进行检验，

然后分门别类地储存在相应的设施或场地中,以备拣选和配货。储存作业依产品性质、形状不同而形式各异,有的是利用仓库进行储存,有的是利用露天场地储存,特殊商品(如液体、气体)则需储存在特制的设备中。储存作业一般都包括这样几道程序:运输→卸货→验收→入库→保管→出库(具体操作参考项目二任务一)。

四、分拣作业

货物分拣采用适当的方法和手段,从储存的货物中分出(或拣选)客户所需要的货物。分拣货物一般采取两种方式来操作:摘果式和播种式(具体操作参考本项目任务二和任务三)。

五、配货作业

(一)配货作业流程

配货作业是指按客户的要求将商品从储存区分拣出来,配好后送入指定发货区的物流活动。分拣作业和配货作业是不可分割的整体,通常是同时进行的。配货作业流程如图3-2所示。

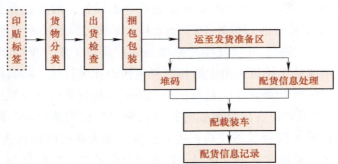

图3-2 配货作业流程图

(二)配货原则

1. 准时性

要求:按照客户的要求准时进货、准时发货。

好处:达到双赢,对配送中心来说不需要占用大量库存和资金,可保持库存合理周转;对客户来说,能保证货物及时到位,既不耽误生产和销售,又可使企业减少库存,节约库存费用。

2. 方便性

要求:在摆放商品时,要根据商品的配送规律,合理摆放,以方便配货为前提。

3. 优先性

对于下列客户,配送中心可以优先进行配货:

(1)具有优先权的客户。

(2)依客户等级划分,重要性程度比较高的客户。

(3)依订单交易量或交易金额划分,对公司贡献大的订单客户。

(4)依客户信用状况划分,信用较好的客户。

（三）配货方式

1. 拣选式配货

拣选式配货是指由负责理货的工人或理货机械巡回于各个储货点，按理货单指令取出所需货物，巡回一遍则为一个客户将货配齐，配齐后立即配装。

（1）拣选式配货的形式：

1）人工拣选配货。由人来进行拣选，配合货架，集货设备完成配货作业，由人一次巡回于货架之间，按订单拣货，直到配齐。

2）人工加手推作业车拣选配货。配货作业人员推车一次巡回于货架之间，按订单进行分拣，直至配齐。对于拣选作业量大、单件较重、体积较大的情况，此方式可以减轻作业人员的劳动强度。

3）机动作业车拣选配货。配货人员乘车为一个客户或多个客户拣选配货，车上放置拣选容器，将货物放入容器，拣选完放到指定位置后直接上车。

4）传动输送带拣选配货。配货人员只在附近几个货位进行拣选配货，传动输送带不停运转，分拣人员只需将货物放在传送带上，传送带运转到末端时自动把货物卸下，放到已画好的货位装车发送，大量减轻了劳动强度。

5）拣选机械拣选配货。自动分拣机或由人操作的叉车、分拣台车巡回于一般高层货架进行拣选或在高层重力式货架一端拣选。

（2）拣选式配货的适用范围：

1）客户数量不多，但需要种类多，需求数量差异大。

2）不同客户需求的产品种类有较大差异。

3）客户临时的紧急需求。

4）客户需求大件商品。

（3）拣选式配货的优点：

1）能保证配货准确无误，对某个客户来讲不受其他因素制约。

2）可以按客户要求的时间，调整配货先后次序，减轻劳动量，节约时间。

3）配好的货可以直接装到车上，有利于简化工序，提高效率。

4）比较灵活，既可以进行机械化操作也可以人工操作。

2. 分货式配货

分货式配货又称为播种式配货，是指由负责理货的工人或理货机械每次集中取出货物，然后巡回于客户指定的货位之间，到达一个货位将该客户所需的数量分出，每巡回一次即将若干客户所需的同一种货物分放完毕，如此反复进行，直到最后将所有商品配齐。

（1）分货式配货形式：

1）人工分货配货。

2）人工加手推作业车分货配货。

3）机械作业车分货配货。

4）传动输送带加人工分货配货。

5）分货机自动分货配货。
6）回转货架分货配货。
（2）分货式配货的适用范围：
1）客户数量多，且需要的商品品种有限，需求数量也不大。
2）各客户之间需求的商品种类差别不大。
3）客户有比较稳定的需求计划。
4）需要搬运的货物体积不大。
（3）分货式配货的优点：提高配货速度，节省配货劳动消耗，提高劳动效率。

3. 直运配货法

直运配货法是拣选配货法的一种特殊形式，当客户需要的品种很少、数量很大时，送货车辆可以直接开到储存场所装车，随时送货。它将配货和送货合为一体，减少了工序，提高了效率，适合于大宗生产资料配送。

六、送货作业

送货作业主要包括搬运、配装、运输和交货等活动。送货是配送的终结，故在送货流程中除了要圆满地完成货物的移交任务以外，还必须及时进行货款（或费用）结算。在送货这道工序中，运输是一项主要的经济活动。据此，在进行送货作业时，选择合理的运输方式和使用先进的运输工具对于提高送货质量至关重要。就前者而言，应选择直线运输、"配载运输"（即充分利用运输工具的载重量和容积，合理安排装载的货物和载运方法进行运输）方式进行作业。

七、补货作业

出货拣取不只包含拣取作业，更应注意拣货架上商品的补充，使拣货作业得以流畅进行而不至于缺货，这中间包含了补货标准及补货时点的设定、补货作业排程、补货作业人员调派。

补货作业包括从保管区域（Reserve Area）将货品移到另一个为了做订单拣取（Order Picking）的动管拣货区域（Home Area），然后将此迁移作业做书面上的处理。一般以托盘为单位的补货，其主要作业流程如图3-3所示（以箱为保管单位的补货流程也大致相同）。

1. 补货的基本方式

补货作业与拣货作业息息相关，一定要谨慎计划，除了要确保存量，还要将其安置于方便存取的位置。下面即针对一般拣货安排介绍一些可能的补货方式。

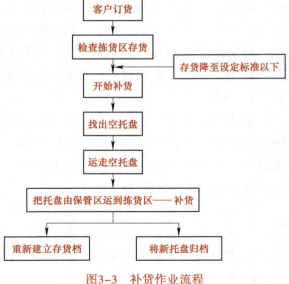

图3-3　补货作业流程

（1）整箱补货。整箱补货是由料架保管区补货至流动式货架的动管区的补货方式，如图3-4所示。此补货方式保管区为货架储放，动管拣货区为两面开放式的流动棚。拣货时，拣货员将流动棚拣取区拣取的单品放入浅箱（篮）中，而后放至输送机运至出货区。而当拣取后发觉动管区的存货已低于标准水平则要进行补货动作。其补货方式为作业员至保管区货架取货箱，以手推车载箱至拣货区，由流动棚架的后方（非拣取面）补货。这种补货方式较适合体积小且少量多样出货的货品。

（2）整托盘补货Ⅰ。由地板至地板的整托盘补货，如图3-5所示。此补货方式保管区是以托盘为单位地板平置堆叠储放，动管区也是以托盘为单位地板平置堆叠储放，不同之处在于保管区的面积较大，储放货品量较多，而动管区之面积较小，储放货品量较少。拣取时拣货员于拣取区拣取托盘上的货箱，放至中央输送机出货；或者，可使用堆高机将托盘整个送至出货区（当拣取大量品项时）。而当拣取后发觉动管拣取区的存货低于标准水平时，则要进行补货动作，其补货方式为作业员以堆高机由托盘平置堆叠的保管区搬运托盘至同样是托盘平置堆叠的拣货动管区。这种补货方式较适合体积大或出货量多的货品。

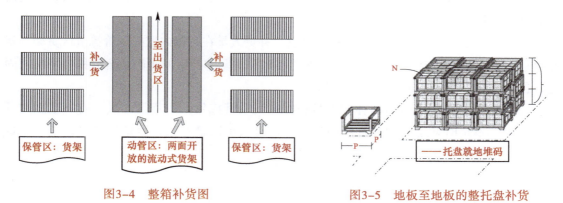

图3-4　整箱补货图　　　　　　　图3-5　地板至地板的整托盘补货

（3）整托盘补货Ⅱ。由地板至货架的整托盘补货，如图3-6所示。此补货方式保管区是以栈板为单位地板平置堆叠储放，动管区则为栈板货架储放。拣取时拣货员在拣取区搭乘牵引车拉助推车移动拣货，拣取后再将推车送至输送机轨道出货。而一旦发现拣取后动管区的库存低于标准水平，则要进行补货动作，其补货方式为作业员使用堆高机快速从地板平置堆叠的保管区搬回栈板，送至动管区栈板货架上储放。这种补货方式较适合体积中等或中量（以箱为单位）出货的货品。

（4）货架之间的补货。此补货方式为保管区与动管区属于同一货架，如图3-7所示，即将一货架上方便作业人员两手拣取之处（中下层）作为动管区，不易拣取之处（上层）作为保管区。进货时便将动管区放不下的多余货箱放至上层保管区，动管拣取区的货品用于拣货。而当动管区之存货低于标准水平则可利用堆高机将上层保管区的货品搬至下层动管区补货。这种补货方式较适合体积不大、每品项存货量不高，且出货多属中小量（以箱为单位）的货品。

智能仓储与配送

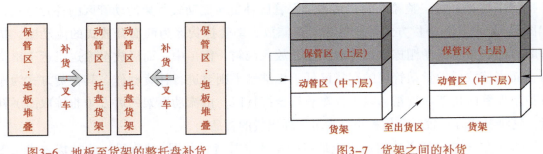

图3-6　地板至货架的整托盘补货　　　　图3-7　货架之间的补货

2．补货时机

补货作业的发生与否主要看动管拣货区的货量是否能满足拣货需求，因而究竟何时补货要看动管拣货区存货量，避免拣货中途才发觉动管区的货量不够，还要临时补货影响整个出货时间。对于补货时机的掌握有如下三种方式：

（1）批次补货。在每天或每一批次拣取前，经由计算机计算出所有货品的总拣取量，再相对查看动管拣货区的货品量，在拣取前一特定时点补足货品。这种"一次补足"的补货原则较适合一日内作业量变化不大，紧急插单不多，或是每批次拣取量大需事先掌握的情况。

（2）定时补货。将每天划分为数个时点，补货人员在时段内监视动管拣货区货架上货品存量，若不足即马上将货架补满。这种"定时补足"的补货原则较适合分批拣货时间固定，且处理紧急插单时间亦固定的情况。

（3）随机补货。由专门的补货人员随时巡视动管拣货区的货品存量，有不足随时补货。这种"不定时补足"的补货原则较适合每批次拣取量不大，紧急插单多以至于一日内作业量不易事前掌握的情况。

3．补货时的注意事项

（1）准确把握补货时机。
（2）补货时商品的品名、规格要与流动货架上的品名、规格相符。
（3）货物摆放要整齐，便于拣货。
（4）坚持"先进先出"的原则。
（5）补货时轻拿轻放，防止摔坏商品。

八、退货作业

退货作业是指仓库按订单或合同将货物发出后，由于某种原因，客户将货物退回仓库而引发的物流作业活动。退货会大幅增加成本，减少利润，因此在销售业务中，应尽可能地避免退货与换货。

1．退货作业流程

（1）退货通知。退货通知的形式有多种，可以是电话、传真或邮件等，其中签收完毕的送货单在某种角度来讲也是退货通知的一种形式。退货通知上通常包含的内容有退货原因、订单号、商品名称、规格、数量、退货单号、退货日期等信息。

（2）退货准备。仓储商务人员接到退货通知后，及时通知客户，告知客户货物退回的原因。如客户方要求先将货物暂存到仓库，商务人员须及时通知仓管员退货名称、数量、退货原因，以便仓管员做好退货处理的准备。商务人员根据退货通知编制退货单（见表3-3），退货单上各项都要根据实际填写。

（3）接受退货。仓库的业务部门接到客户传来的退货信息后，要尽快将退货信息传递给相关部门，运输部门安排取回货品的时间和路线，仓库人员做好接收准备，质量管理部门人员确认退货的原因。一般情况下，退货由送货车带回，直接入库，批量较大的退货，要经过审批程序。

表3-3 退货单

客户名称：　　　　　　　　　　　　　　　退货日期：　　年　　月　　日

退货单号	商品名称	规格	数量	出货单号	退货原因	备注

制单：　　　　　　　　　　仓库人员：　　　　　　　　　　财务：

（4）重新入库。对于客户退回的商品，仓库的业务部门要进行初步审核。由于质量原因产生的退货，要放在为堆放不良品而准备的区域，以免和正常商品混淆，退货商品要进行严格的重新入库登记，及时输入企业的信息系统，核销客户应收账款，并通知商品的供应商退货信息。

（5）财务结算。退货发生后，对整个供应系统造成的影响是非常大的，如对客户端的影响、仓库在退货过程中发生的各种费用、商品供应商要承担相应货品的成本等。如果客户已经支付了商品费用，财务要将相应的费用退给客户。同时，由于销货和退货的时间不同，同一商品价格可能出现差异，同质不同价、同款不同价的问题时有发生，故仓库的财务部门在退货发生时要进行退回商品货款的估价，将退货商品的数量、销货时的商品单价以及退货时的商品单价信息输入企业的信息系统，并依据销货退回单办理扣款业务。

（6）跟踪处理。退货发生时，要跟踪处理客户提出的意见，统计退货发生的各种费用，通知供应商退货的原因并退回生产地或履行销毁程序。退货发生后，首先要处理客户端提出的意见。由于退货所产生的商品短缺、对质量不满意等客户端的问题是业务部门要重点解决的。退货所产生的物流费用比正常送货高得多，所以要认真统计，及时总结，将此信息反馈给相应的管理部门，以便制定改进措施。退货的所有信息要及时传递给供应商，如退货原因、时间、数量、批号、费用、存放地点等，以便供应商能将退货商品取回，并采取改进措施。

（7）退货签收。仓库员接收货物完成退货作业后，需要签收退货单，即注明实收数量、型号等信息。退货单通常一式三联，即仓管员留底、财务留底以及返给客户各一联。仓管员退货完毕留底一联后，其余交给司机。司机持签收完毕的退货单到商务人员处盖章，商务人员盖章留底后，司机的退货任务即完毕。

（8）退货处理。商务人员有时要与客户做进一步的沟通，确定退货最终处理办法。然后根据情况调整账面库存或做其他处理，以保证账实相符，从而保证公司的服务质量。

2．常见的退货原因及处理办法

（1）按订单发货出现错误时的处理方法：

1）主动、及时地联系发货人，说明原因。

2）按照当时的实际情况提出新的发货方案，并取得客户的同意。

3）收回错发的商品，检查商品的质量并将错发商品上的错误标签撕掉，贴上正确的标签，放到正确的货柜上。

4）重新按正确的订单发货。

5）期间发生的所有费用由发货人负责，并向客户道歉，有必要的话可以送一些小礼品作为补偿。

6）查明产生问题的原因，如订单错误、拣货错误、出货错误、出货单贴错、装错车等。追究到个人或集体责任，并给予一定的警告或惩罚。

7）找到错误后应该立即采取有效的措施。如在常出错的地方增加检查人员，建立相应的奖罚制度，增加一定的自动化机械设备等。

（2）运输途中货物受到损坏时的处理方法：

1）主动、及时地联系发货人，说明情况。可以拍下货物损坏的照片发给发货人作为证据。

2）根据退货的情况，由发货人与客户协商决定所需要的修理费用或赔偿金额。

3）由运输单位负责赔偿，并向客户和发货人道歉。

4）查明货物损坏的原因，如包装的材质不好、包装方法不对，以及搬运过程中各项装车动作、卸货动作错误，没有做到轻拿轻放，运输道路坑洼导致货物颠簸等。

5）找到原因后应该立即采取有效的措施。如拿货物时要做到轻拿轻放，加强对货物的包装，提前考察路况并确定运输路线，引进一些自动化装卸机械代替人工，建立相应的奖罚制度，对损坏货物的工作人员给予一定的警告或惩罚等。

（3）客户订货有误时的处理方法：

1）按客户新订单重新发货。

2）所产生费用由客户承担。

（4）货物本身有缺陷时的处理方法：

1）物流公司接到退货通知后，应派车派工收回退货，并将被退货物集中到仓库退货处理区进行处理。

2）货物回收结束后，物流公司应督促发货方采取措施，用没有缺陷的同种商品或替代品重新向收货人发货。

项目三 | 配送业务实施

任务实施

任务情景　操作过程

步骤1：查阅资料
京东的配送模式：_____
_____
_____

步骤2：查阅资料
京东的配送服务：_____
_____
_____

步骤3：分析京东技术
说明：_____
_____

步骤4：京东物流配送流程图

流程图

117

步骤5：京东配送流程分析

说明：_____
_____
_____
_____

效果评价

序 号	评价内容	满 分	得分结果
1	熟悉配送的意义	10	
2	合理填制入库单及入库检验单	10	
3	熟悉配送作业的流程	15	
4	能合理解决任务情景的问题	20	
5	掌握配送各作业环节的操作原理	10	
6	熟悉出库常见问题及处理措施	15	
7	能够根据企业实际情况分析出配送的流程	20	
8	合 计	100	

任务二　分拣方法与拣货单应用

📖 任务目标

📖 知识目标
- 理解分拣作业方法。
- 熟悉各种分拣方法的适用条件。
- 理解拣货时的常见问题及应对措施。
- 熟悉拣货单的制作。

📖 技能目标
- 能够熟练掌握分拣的方法与策略。
- 能够根据订单属性选择合适的分拣方式。
- 能够熟练掌握订单与拣货单之间的转换策略。
- 能够根据实际情况对订单与拣货单进行正确的转换过程。

📖 素质目标
- 培养时间意识。
- 培养合作能力。

职业素养：时间的真谛

职业素养　提高分拣效率，培养时间意识

　　分拣方法的选择与拣货单的填制都是为了提高分拣作业的效率，分拣效率增加就可以提升配送效率，使配送活动提前，客户就能更早地接触到自己的商品，从而节约客户的时间。节约了客户的时间便是节约了企业的时间成本，提升了服务质量。不管是对于企业还是客户，时间管理都是非常重要的，因此，在分拣作业中要有时间意识，提高分拣效率。

📖 任务情景

情景一：

　　物资供应站的整货区现收到两个客户订单一（见图3-8），仓储专员赵力要制订分拣作业计划，提出分拣方法，随后业务员才能根据分拣计划来执行分拣任务。我们大家跟随赵力一起来分析并解决这个问题吧。请同学们根据分拣方法相关知识，选择合适的分拣方法，绘制拣货单（不限格式）。

情景二：

　　兰州京东仓收到两个客户订单二（见图3-9）的出库申请，需要拣货出库。仓储专员要制订分拣作业计划提出拣货单转换策略，信息员李某根据计划做出拣货单，随后业务员才能根据拣货单来执行分拣任务。我们大家跟随李某一起来分析并解决这个问题吧。

仓库储位情况：

利鑫达板栗、蜂圣牌蜂皇浆、休闲黑瓜子、诚诚油炸花生仁、大王牌大豆在1号仓库；吉欧蒂亚干红葡萄酒、蜂圣牌蜂皇浆在2号仓库；小师傅方便面、好娃娃薯片在3号仓库。

客户1订单

序号	商品名称	单位	单价（元）	订购数量	金额（元）
1	利鑫达板栗	箱	240	10	2400
2	蜂圣牌蜂皇浆	箱	260	10	2600
3	休闲黑瓜子	箱	110	10	1100
4	好娃娃薯片	箱	80	10	800
合计				40	6900

客户2订单

序号	商品名称	单位	单价（元）	订购数量	金额（元）
1	利鑫达板栗	箱	240	7	1680
2	蜂圣牌蜂皇浆	箱	260	11	2860
3	休闲黑瓜子	箱	110	6	660
4	小师傅方便面	箱	160	14	2240
5	好娃娃薯片	箱	80	20	1600
合计				58	9040

图3-8 客户订单一

客户1订单

序号	商品名称	单位	单价（元）	订购数量	金额（元）
1	利鑫达板栗	箱	240	7	1680
2	蜂圣牌蜂皇浆	箱	260	11	2860
3	休闲黑瓜子	箱	110	6	660
合计				24	5200

客户2订单

序号	商品名称	单位	单价（元）	订购数量	金额（元）
1	诚诚油炸花生仁	箱	180	12	2160
2	利鑫达板栗	箱	240	10	2400
3	大王牌大豆	箱	420	8	3360
4	吉欧蒂亚干红葡萄酒	箱	300	9	2700
5	蜂圣牌蜂皇浆	箱	260	8	2080
6	小师傅方便面	箱	160	14	2240
7	好娃娃薯片	箱	80	20	1600
合计				81	16540

图3-9 客户订单二

知识链接

一、分拣方法

分拣作业是物流配送中的一个关键环节，它是指依据客户订货要求或配送中心送货计划，迅速、准确地将商品从储位或其他区域拣出，并按照一定方式进行分类、集中，等待配装送货的作业过程。分拣是配送中心作业中最繁琐、工作量最大的环节，也是配送中心作业系统的核心。如今，商品经济逐步深入，社会需求呈现出向小批量、多品种方向发展的趋势，配送商品的种类和数量急剧增加，这使得分拣作业在配送中心整体工作中的比重越来越大，而客户对配送服务和质量的要求也越来越高。分拣作业的速度和质量直接关系到整个配送中心的信誉和服务水平，分拣系统的建设也成为配送中心非常重视的问题之一。

（一）分拣方法的选择

拣选方法可以从不同角度分类：

- ❖ 按订单的组合——可以分为按单拣选和批量拣选。
- ❖ 按人员组合——可以分为单独拣选和接力拣选。
- ❖ 按运动方式——可分为人到货前拣选和货到人前拣选。
- ❖ 按拣选信息——可分为拣选单拣选、标签拣选、电子表前拣选、RF拣选等。

在规划设计分拣作业之前，必须先对分拣作业的基本模式有所认识，其中最简单的分拣方法就是摘果式分拣法（又称订单式分拣法）和播种式分拣法（又称批量式分拣法）两种。

1. 摘果式分拣法（订单式分拣法）

摘果式分拣是针对每一份订单（即每个客户），分拣人员或分拣设备巡回于各个储存点并将所需货物取出，完成配货任务。因这种分拣方法类似人们进入果园，在一棵树上摘下熟了的果子后，再转到另一棵树前摘果，所以形象地称之为摘果式或摘取式分拣。其作业原理如图3-10所示。

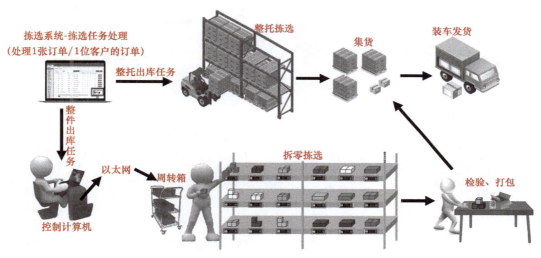

图3-10 摘果式分拣法的作业原理

（1）摘果式分拣法的特点。摘果式分拣法准确程度较高，一般较少发生货差等错误，并且机动灵活；每人每次只处理一份订单或一个客户。

（2）摘果式分拣法的优缺点（见表3-4）。

表3-4 摘果式分拣法的优缺点

优　点	缺　点
❖ 作业前置期短，作业简单 ❖ 接到订单后不等待，立即拣货 ❖ 作业人员责任明确 ❖ 拣货后不用进行再分类 ❖ 导入容易且弹性大	❖ 商品种类多时，拣货行走路径加长，拣货效率降低 ❖ 拣货区域较大时，搬运系统困难 ❖ 少量多次拣货时，造成拣货路径重复，效率降低

2. 播种式分拣法（批量式分拣法）

播种式分拣法是将多份订单（多个客户的订货需求）集合成一批，分拣人员或分拣设备从储存点集中取出客户共同需要的货物，然后巡回于各客户相应的货位之间，将货物按订单需求量分放在各客户的货位上，再取出下一种共同需求的商品，如此反复进行直至按客户需求将全部货物取出并分放完毕，同时也完成各个客户的分拣配货工作。这种分拣方法类似播种，因此形象地称之为播种式分拣法。其作业原理如图3-11所示。

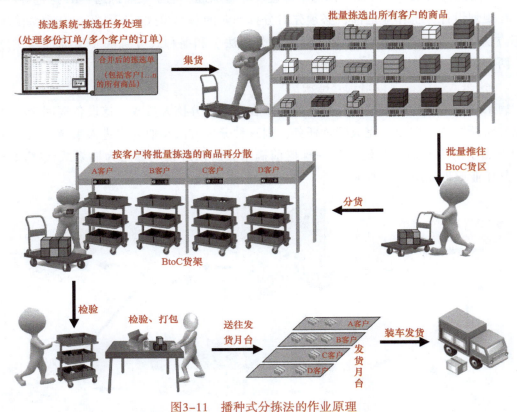

图3-11 播种式分拣法的作业原理

（1）播种式分拣法的特点。播种式分拣法是集中取出众多客户共同需要的货物，再将货物分放到事先规划好的配货货位上。这就需要若干客户，有共同需求，形成共同的批量之后，再对客户共同需求进行统计，同时规划好各客户的配货货位进行集中取出、分放配货的操作。所以，这种分拣方法难度较大，计划性较强，容易发生错误。

播种式分拣法有利于车辆的合理调配，合理使用配送路线，便于综合考虑，统筹安排，发挥规模效益。

（2）播种式分拣法的优缺点（如表3-5）。

表3-5 播种式分拣法的优缺点

优　点	缺　点
❖ 可以缩短拣货时的行走时间 ❖ 对订单量少和次数多的分拣更有效	❖ 交货期长 ❖ 必须累计订单，需等待 ❖ 对紧急订单无法及时处理

3．摘果式分拣法和播种式分拣法的比较

Joinpad——物流领域AR解决方案

（1）摘果式的补货作业通常需要巡行数千个货位的行走距离，长度达几百米。此外，摘果式对每个货位的放货操作，其动作量也大于播种式的放货。

由于拣选货架空间有限，对出货量较大的商品货位，一个批次内摘果式往往需要进行多次补货，而播种式只需一次。由此看来，在这个作业时段，摘果式的作业量、耗时要远大于播种式。

此外，摘果式在大量补货时通常要暂停拣选作业，这就很难实现连续分拣，造成时间利用不充分；播种式则不存在这个问题。

（2）摘果式的流水线长度远大于播种式，并且摘果式的货位多、转换多，周转箱移动的阻碍也多，造成摘果式分拣线的周转箱移动速度往往低于播种式（不考虑空行程）。

每当货架上货箱装满后，播种式分拣需要做一个换箱动作；此外，播种式分拣还要间歇性进行数量复核。完成这两件事所需的时间，大约为总拣货动作时间的10%。综合而论，在这个作业时段，两种方式的工效大致相当。

（3）播种式在分拣货物时，可以通过核对剩余数量发现前面作业的差错，因此可以明显减少差错；摘果式则很难在作业中核对。所以同等条件下，摘果式的差错率高于播种式。

（4）一方面讲，对于同样的分拣量，摘果式的行走距离较大、动作多、耗时长、差错率高，因此播种式优于摘果式。从另一方面讲，尽管摘果式对单个订单的响应速度较快，但是播种式可以高效处理成批订单，其完成一份订单的平均时间要少于摘果式。

（二）分拣方法的应用

1．摘果式分拣法的应用

摘果式分拣法是针对每一份订单的品种及数量，分拣人员依次将客户所需的商品由存放位置挑选出来的拣货方式。在仓库里进行分拣时不论是人工分拣还是机械分拣都需要正确地选择合适的分拣方式。下面通过图3-12中的几份客户订单来分析摘果式分拣法的适用条件。

图3-12　客户订单Ⅰ

（1）分析效果：

1）4张订单内商品种类差异较大（种类繁多）。

2）4张订单中商品的数量变化较小。

（2）摘果式分拣法的适用条件：

1）出货量少、频率小的商品。

2）种类多、数量少，但识别条件多的商品。

3）体积小单价高的商品。

4）涉及批号管制，且每批数量不定的商品。

5）客户不稳定、波动较大、不能建立相对稳定的用户分货货位的商品。

6）客户之间共同需求差异较大的商品。

7）客户需求种类不多的商品。

8）客户配送时间需求不一的商品。

9）传统仓库改建为配送中心，或新建的配送中心初期运营时应先考虑摘果式分拣法。

2．播种式分拣法的应用

播种式分拣法是将多张订单汇集成一批，按照商品品种类别加总后再进行拣货，然后再按照订单的要求将商品分配至每份订单的拣货方式。下面通过图3-13中的几份客户订单来分析播种式分拣法的适用条件。

图3-13　客户订单Ⅱ

（1）分析效果：

1）4张订单内商品品种的种类差异较小（种类较少）。

2）4张订单中商品的数量变化较小。

（2）摘果式分拣法的适用条件：

1）客户稳定，而且客户数量很多。

2）追求效率降低成本。

3）客户需求的商品种类有限，一般小于50种。

4）客户对配送时间的要求没有严格限制。

5）客户需求具有很强的共同性，品种差异小，只是数量有一定差异。

6）专业性强的配送中心，容易形成稳定的客户和需求，货物种类有限。

3．分拣作业注意事项

（1）拣货的基本原则：

1）先进先出。为避免货物长期在库存放而超过其储存期限或增加自然损耗，必须坚持"先进先出、后进后出"的原则。

2）凭证拣货。"收有据、出有凭"是货物收发的重要原则，拣货必须凭正式单据和手续，非正式凭证或白条一律不予操作。

（2）货物出库的基本要求：

货物出库的基本要求即根据正式的凭证和手续，准确、及时地组织好出库工作。

1）拣货出库必须准确。准确是工作质量的一个重要标志，没有准确就没有质量，没有准确，拣货工作就变得毫无意义。所谓准确就是按照出库凭证所列的商品编号、品名、规格、质量、等级、单位数量等，准确无误地进行点交，做到单货相符，避免差错。

2）拣货出库必须及时。发货时在手续健全的前提下，力求简便、快速、及时地组织好商品出库作业。

3）拣货出库必须安全。所谓安全，就是在库搬运时要注意安全操作，防止商品震坏、摔伤、破损、变形，以保证商品出库时的质量完好。

二、拣货单的应用

（一）拣货时的常见问题及应对措施

1．常见问题

（1）一次只能给一笔订单拣货。例如，现有A、B、C、D、E共5位客户的订单，A和E的订单中，可能有10个产品重复。但因为拣货人员一次只能针对一笔订单进行拣货，这使得拣货人员为相同的商品重复在仓库里穿梭。最极端的情况是，A与E的订单一模一样，拣货人员完全重复作业。

（2）来回拣货。一般而言，仓库里一种货物总是放在一个相对固定的位置，但这样就会有拣货人员总是需要来回拣货的问题。例如，一个客户的订单中有5件商品，第一件在第一排货架第三层左上，第二件在第五排第三层右下……最后一件又在第一排某个位置。这会造成拣货员来回在仓库里穿梭。实际上他应该在拣第一件商品的时候，就能直接拣第五件商品。拣货的路径应该是不走回头路的。

2．应对措施

为了应对以上两种场景，需采取以下措施：

（1）对货位进行编号。根据仓库中货位的摆放情况，对货位进行相应的排序编号。货位编号应该遵循简单、容易理解、符合常规认识和逻辑的原则。例如，假设货架的第一排最左边是拣货人员首先进入的区域，那么最左边的货位编号可以编为1-1-1（第一排，第一层，最左边第一个位置）。

（2）打印拣货单。应专门打印拣货单，拣货单不区分哪件商品属于哪个订单，而是按照仓库的货位，就近货位的商品排列在一起。

（3）配备拣货车。为每一个拣货人员配置一个小车，拣货人员可以凭一张拣货单，不走回头路地拣选出10笔甚至更多订单的商品，之后到分货区域再按订单分开，这样可大大提高拣货的效率。

（二）拣货单的编制

1．拣货单的内容

拣货单中主要包含拣货单编号、客户订单编号、客户名称、出货日期、出货货位号、拣货时间及拣货人、核查时间及核查人、储位、商品编号、商品名称、规格型号、包装单位、数量，以及制单人、制单时间等信息，如表3-6所示。拣货单内容必须完全以客户订单中所显示的信息为准。

表3-6 拣货单

拣货单编号			客户订单编号			
客户名称						
出货日期			出货货位号			
拣货时间			拣货人			
核查时间			核查人			

序号	储位	商品编码	商品名称	规格型号	包装单位			数量	备注
					箱	整托盘	单件		

制单人：　　　　　　　　　　　　　　制单时间：

2．拣货单填制的注意事项

在制单之前，首先要明确制单人的身份，并且确定其有无参与实际的出库拣货作业。拣货单中涉及的角色有制单人、拣货人和核查人。填制拣货单主要有以下两个环节：

（1）在准备进行出库拣货操作，为拣货作业组下达拣货任务时由制单人制作拣货单。

（2）由实际参与拣货的作业人员在拣货完成后补充填写。

（三）订单与拣货单之间的转换策略

分拣作业在配送中心整个作业环节中不仅工作量大、工作过程复杂，而且作业要求时间短、准确度高，因此，加强对分拣作业的管理非常重要。制定科学合理的分拣作业流程，对于提高配送中心运作效率及提高服务水平具有重要的意义。因此，下面介绍几种订单与拣货单之间的转换策略。

1．"1∶1"转换（一张订单生成一张拣货单）

当单一客户订单订货量适宜一人拣选作业时，可直接生成一张拣货单驱动拣选活动。

2．"1∶N"转换（一张订单生成多张拣货单）

当客户订单订货量较大，所需要的商品品种在库内布局分散时，可将订单分割，生成多张拣货单，驱动拣选活动。

3．"N∶1"转换（多张订单生成一张拣货单）

当多个客户订单订货量较小，且所需商品在库内布局集中时，可合并订单，生成一张拣货单，驱动拣选活动。

任务实施

情景一　操作过程

步骤1：分析依据

（1）采用的分拣方法：
_____

（2）采用的依据和目的：
依据：_____
_____

目的：_____
_____

步骤2：绘制拣货单（不限格式）

设计拣货单并填写

情景二（I）操作过程

步骤1：摘果式分拣方法分析

采用摘果式分拣方法的依据和目的：

依据：_____
_____
_____
_____
_____
_____
_____

目的：_____
_____
_____
_____
_____
_____
_____

步骤2：拣选单转换策略

采用的拣选单转换策略（选择正确的打"√"）：

①1∶1　　　　　　　　②1∶N　　　　　　　　③N∶1

步骤3：生成拣货单

（1）客户1拣货单：

客户1拣货单

拣货单编号					客户订单编号				
客户名称									
出货日期					出货货位号				
拣货时间					拣货人				
核查时间					核查人				

序号	储位	商品编号	商品名称	规格型号	包装单位			数量	备注
					箱	整托盘	单件		

制单人：　　　　　　　　　　　　　　制单时间：

（2）客户2拣货单：

客户2拣货单

拣货单编号				客户订单编号					
客户名称									
出货日期				出货货位号					
拣货时间				拣货人					
核查时间				核查人					
序号	储位	商品编号	商品名称	规格型号	包装单位			数量	备注
					箱	整托盘	单件		

制单人：　　　　　　　　　　　　　　制单时间：

情景二（Ⅱ）操作过程

步骤1：播种式分拣方法分析

采用播种式分拣方法的依据和目的：

依据：_____

_____

_____

_____

_____

目的：_____

_____

_____

_____

_____

步骤2：拣选单转换策略

采用的拣选单转换策略（选择正确的打"√"）：

①1∶1　　　　　　　②1∶N　　　　　　　③N∶1

步骤3：生成拣货单（自行设计）

设计合并后的拣货单并填写

效果评价

序　号	评价内容	满　分	得分结果
1	熟悉拣选作业方法	10	
2	熟悉各种拣选方法的应用条件	10	
3	能合理解决情景一的问题	20	
4	合理填制拣货单	10	
5	能合理解决情景二（Ⅰ）的问题	20	
6	掌握分拣方法与拣货单转换策略的综合应用	10	
7	能合理解决情景二（Ⅱ）的问题	20	
8	合　计	100	

任务三 分拣策略应用

任务目标

知识目标

- 理解分区、分类策略的含义。
- 熟悉分区、分类策略的适应条件。
- 理解订单分批、分割策略的含义。
- 熟悉订单分批、分割策略的适应条件。

技能目标

- 能够熟练掌握分区、分类策略的实施环境。
- 能够熟练掌握订单分批、分割策略的实施环境。
- 能够根据适应条件选择合适的分拣策略。

素质目标

- 培养自主学习与团队协作能力。
- 培养精益求精、一丝不苟的精神。

职业素养：如何提高效率

职业素养 分拣策略——"如何提高效率？"

当今社会是体现速度的时代，更是体现效率的时代。物流管理的目的是以最低的物流成本提供最优的物流服务。配送是物流的核心，分拣是配送的主要环节，因此分拣效率直接影响着物流服务的水平和成本。分拣策略的应用主要是为提高配送效率、减少资源浪费。作为物流学子应该具备精益求精、一丝不苟的工作态度，灵活运用分拣策略来提高分拣效率，降低物流成本，提升物流服务水平。

任务情景

北京华联配送中心分拣仓库在今天上午9:00—10:00收到了22位零售商的出库申请，需要拣货出库。仓储专员王亮要制订分拣作业计划，提出分拣策略，随后业务员才能根据分拣策略来执行分拣任务。请同学们根据相关知识做出分析，帮助仓储专员王亮完成任务（资料见图3-14）。

智能仓储与配送

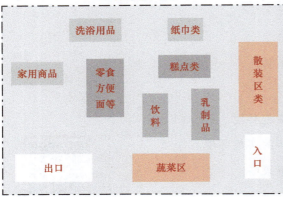

零售商1~6订单

序号	商品名称	单位	单价（元）	订购数量
1	薯片	包	10	10
2	蒙牛浓缩奶	包	3	50
3	养乐多牛奶	包	2	30
4	果粒橙	瓶	4	10
合计				100

零售商7~12订单

序号	商品名称	单位	单价（元）	订购数量
1	康师傅方便面	包	3	50
2	黑巧克力	包	10	10
3	猪肉铺	包	20	10
4	蒙牛酸酸乳	袋	2	40
5	苹果	斤	3	20
6	洗面奶	瓶	20	10
7	海飞丝洗发乳	瓶	20	10
8	吹风机	个	50	10
合计				160

零售商13~22订单

序号	商品名称	单位	单价（元）	订购数量
1	炸鸡腿	斤	10	10
2	饼干	包	3	20
3	杏梅	包	5	20
4	辣海带丝	包	1	30
5	火腿	根	5	10
6	蛋糕	个	10	10
7	橘子	斤	3	30
8	西红柿	斤	2	40
9	抽纸	包	3	40
10	散装鸡蛋	斤	5	20
合计				230

图3-14 情景资料

知识链接

一、分拣系统

仓储分拣系统是随着经济和电商行业的迅猛发展而产生的。高效对电商物流而言至关重要，而仓储分拣系统工程是实现现代物流管理低成本、高效率的关键所在。仓储分拣系统可以根据客户的订单要求抑或是配送计划，迅速、准确地将商品从仓储位或其他区位分拣出来，并按照一定的方式进行分类、集中、装车运输等作业。

在进行商品或货物的到达、卸货、分类、存储等作业，势必要通过不同复杂程度的分拣和输送设备来实现在最短的时间内将这些商品卸下并按商品品种、货主、储位或发送地点进行快速、准确地分类，然后运送到指定储位；同时，当供应商或货主通知物流中心按配送指示发货时，分拣系统须在最短的时间内从庞大的高层货架存储系统中准确找到要出库的商品所在位置，按所需数量取出，并将从不同储位上取出的不同数量的商品按配送地点的不同运送到不同的理货区域或配送站台集中，以便转运或装车配送，充分实现快速输送分拣功能。

构建分拣系统是一个复杂的过程，从规划设计到实现，需要考虑很多因素。分拣系统与上游的仓储系统以及下游的装运送货系统都有着紧密的联系，所以还要考虑它们之间的衔接，解决好接口的问题。建立分拣系统首先应了解分拣作业的流程，明确系统需要完成的任务。分拣作业的四个基本环节分别是形成拣选信息、行走或搬运、拣货、分类与集中。

1．形成拣选信息

分拣工作的指令，一般由客户订单或送货单经加工处理而成，以拣货单或电子信号等形式存在。

2．行走或搬运

这是指分拣作业人员或设备直接接触并拿取和移动货物的过程。

3．拣货

拣货即指按照拣选信息的指示抓取货物并确认的过程，是分拣作业的核心，根据货物体积、重量、出货频率等的不同分为手工、机械辅助及自动化设备等实现形式。

4．分类与集中

必要时（如批量拣选时）为了衔接出货装运作业还需进行货物的分类与集中，在实际中有人力分货、机械辅助和自动分货机等实现形式，具体包括：

（1）人员通过步行或搭乘运载工具到达货物储位。

（2）货物随自动化货架到达人员面前。

（3）无人参与的自动分拣系统中完全由机械自动完成。

分拣作业流程是分拣系统的业务流程依据，合理利用机械、自动化设备，采用新技术，可以节约作业时间，降低分拣错误率，也是构建分拣系统的目标与关键。

二、分拣策略

在分拣作业系统规划中，最重要的环节就是分拣策略的应用。分拣策略是影响分拣作业的重要因素，对不同的订单需求应采取不同的分拣策略。决定分拣策略的四个主要因素是分区、订单分割、订单分批和分类。这四个主要因素交互运用可产生多个分拣策略。

1．分区策略

分区是将分拣作业场地做区域划分，按分区原则不同，有以下几种分区方法：按货品特性分区、按分拣单位分区、按分拣方式分区和按工作分区。几种分区方法也可以结合运用，例如在相同的分拣方式下，又可以将分拣作业场地细分成不同的工作分区。

做好分区后，由一个或一组固定的分拣人员负责拣取区域内的货物，有分区汇总和分析区接力两种形式。

分拣作业系统中的分区设计还必须考虑到储存分区的部分，因此在设计拣选分区之前，必须先对储存分区进行了解、规划，才能使系统整体的配合更加完善。

分区策略

2．订单分割策略

当订单上的订购货品项目较多，或是分拣系统要及时快速处理时，为在短时间内完成分拣处理，可将订单分成若干子订单，交由不同拣选区域同时进行分拣作业，将订单按拣选区域进行分解的过程就称为订单分割。

订单分割策略

3. 订单分批策略

订单分批是为了提高分拣作业效率而把多张订单集合成一批进行分拣作业，其目的是缩短分拣时平均行走搬运的距离和时间。订单分批的方式又分为总合计量分批、时窗分批、固定订单分量分批和智能型分批。

订单分批策略

（1）总合计量分批：合计分拣作业前所累计的订单中每一商品项目的总量，再按这一总量进行拣取，这样便可将拣取路径减至最短，同时储存区域也较单纯化，但由于每次拣取的商品数量很大，因此要求场地足够宽敞，且需要功能强大的分类系统来支持。

（2）时窗分批：按照时间来划分订单量，比如以1小时为例，即将1小时内的所有订单分为一批，进行批量拣取。这一方式常与分区及订单分割联合运用，尤其适用于到达间隔时间短而平均、种类又不大多的订单形态。各拣选分区利用时窗分批同步作业时，可能会因分区工作量不平衡和时窗分批分拣量的不平衡产生作业的等待问题，使工作效率下降。如客户所订商品集中于分区3，就会导致其他分区完成拣取任务后，必须等待分区3完成拣取工作，这就是分区工作工作量不平衡引起的作业等待。如果客户订单密集分布在某一时段而其他时间比较均匀，就会因为订单量的突增无法在规定时间内完成，进而影响到后面时段内订单的时效性，这就是时窗分批分拣量不平衡引起的作业等待。如果上述分区工作量的不均衡再叠加时窗分批分拣量的不平衡，其他分区的等待时间将会更长，从而严重影响效率。因此这种分批方式较合适密集频繁的订单，且能应付紧急插单的需求，紧急插单时可利用此策略开启短暂的时间窗5分钟或10分钟，再将这一时窗中所有的订单做成一批，进行批量拣取。

（3）固定订单量分批：按先到先处理的基本原则，当订单累计达到设定数量时，开始进行分拣作业。例如，固定订单量为4单，当进入系统的订单累计达到4单时，即集合成以一批进行批量分拣作业。这种方式偏重于维持较稳定的作业效率，但在处理速度上慢于时窗分批作业。和时窗分批类似，此种订单分批方式也存在分区工作量不平衡产生作业等待的问题。

（4）智慧型分批：订单汇集后，用计算机进行复杂计算，将拣取线路相近的订单集中处理，求得最佳的订单分批。可大量缩短拣货行走搬运距离。

4. 分类策略

当采用批量拣选作业方式时，拣选完成后还必须进行分类，因此需要相配合的分类策略。分类策略主要包括拣选时分类和拣选后集中分类。拣选时分类即在拣选的同时将货品按各订单分类。它适用于品种少量、多样的场合，每批次的订单量不宜太大。而拣选后集中分类是指分批按合计拣选后再集中分类。

分类策略

任务实施

任务情景　操作过程

步骤1：分拣策略分析

（1）采用的拣选方式：
_____
_____
_____

依据：_____
_____
_____

目的：_____
_____
_____

（2）采用的分拣策略：
_____
_____
_____

依据：_____
_____
_____

目的：_____
_____
_____

步骤2：分拣策略优劣势分析

阐述本组选择的分拣策略的优缺点：

优点：_____
_____
_____

缺点：_____
_____
_____

步骤3：填写摘果式拣货单（选其一）

客户1拣货单

拣货单编号		客户订单编号	
客户名称			
出货日期		出货货位号	
拣货时间		拣货人	
核查时间		核查人	

序号	储位	商品编码	商品名称	规格型号	包装单位			数量	备注
					箱	整托盘	单件		

客户2拣货单

拣货单编号		客户订单编号	
客户名称			
出货日期		出货货位号	
拣货时间		拣货人	
核查时间		核查人	

序号	储位	商品编码	商品名称	规格型号	包装单位			数量	备注
					箱	整托盘	单件		

步骤4：填写批量式拣货单（选其一）

拣选顺序	拣货单编号			客户订单编号						
	客户名称	合并订单（				）				
	出货日期						出货货位号			
	拣货时间						拣货人			
	核查时间						核查人			
	储位分区	订单1			订单2			订单3		
		商品名称	单位	数量	商品名称	单位	数量	商品名称	单位	数量

步骤5：绘制拣选路径

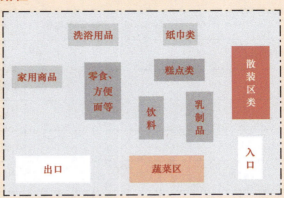

效果评价

序　号	评价内容	满　分	得分结果
1	熟悉分拣策略	10	
2	合理填制拣货单	10	
3	熟悉分区分类策略的适应条件	20	
4	熟悉分批分割策略的适应条件	20	
5	能合理解决任务情景的问题	20	
6	能够根据企业案例的适应条件选择合适的策略	20	
8	合　　　计	100	

项目三 | 配送业务实施

任务四　快件收寄与处理

任务目标

知识目标

- 理解并熟悉快件收寄的程序。
- 掌握快递收寄中违禁品的识别。
- 熟悉普通快件的收寄过程。
- 熟悉大件快件的收寄过程。
- 熟悉异常件的处理流程。

技能目标

- 能够独立进行快件的收寄工作。
- 能够迅速查出违禁品,并加以处理。
- 能够对异常件进行正确、快速的处理。

素质目标

- 培养绿色发展的理念。
- 培养和谐共生的意识。

职业素养　绿色发展　和谐共生

尊重自然、顺应自然、保护自然,是全面建设社会主义现代化国家的内在要求。推动经济社会发展绿色化、低碳化是实现高质量发展的关键环节。智能配送环节的关键是快件的收寄,不但要对货物的收寄过程进行管理、分类,提前处理,以免货物在运输过程中出现异常现象,而且要实施全面节约战略,构建包装物循环利用体系,进行节能降碳先进技术的研发和推广应用,做到配送过程绿色、环保,以推动形成绿色低碳的生产方式和生活方式。

任务情景

情景一:

营业网点接到电话,一位叫张三的先生,告知其住在太阳小区8栋2单元302,现有些物品要寄给外地的朋友(湖北省武汉市洪山区珞狮路139号)。如果你是负责该区域的收件员,请问:接下来你要做哪些准备?如何完成收件工作?

139

资料：物品装箱后长60cm、宽10cm、高20cm，重量6kg。首重10元/kg，续重3元/kg。

情景二：

营业网点接到电话，对方是终端企业，需寄快递，物品数量多、重量大，且已装箱封闭。如果你是负责该区域的收件员，请问：接下来你要做哪些准备？如何完成收件工作？

资料：物品共2个箱子，箱长120cm、宽80cm、高80cm，重量（每个箱子）50kg。首重12元/kg，续重4元/kg。物品详情单如表3-7所示。

表3-7 物品详情单

序号	物品名称	规格	数量	重量	备注
1	文件	A4	500件	50kg	
2	文件柜	120cm×180cm×60cm	2个	50kg	

> **知识链接**

一、快件收寄

（一）快件收寄的含义

快件收寄是快递流程的首要环节，是指快递业务员从客户处收取快件，包括验视、包装、运单填写和款项交接等环节。

（二）快件收寄的形式

1. 上门收寄

上门收寄是指快递员到客户家里或办公地点收取快件，并询问、验视、封装、填写单据和收取费用的过程。

2. 网点收寄

网点收寄是指客户到公司营业场所寄发快件，由快递服务人员进行询问、验视、封装、填写单据和收取费用的过程。

（三）快件收递主要任务

1. 普通快件的验视流程

普通快件的验视流程如图3-15所示。

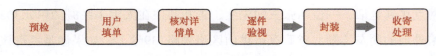

图3-15 普通快件的验视流程

（1）预检。用户交寄物品时，首先询问交寄物品种类，判断是否能够交寄；

（2）用户填单。指导用户填写单据，在填写前，提示用户阅读"用户须知"，将交寄物品名称、数量及寄件人和收件人姓名、详细地址、联系电话等如实填写清楚，重要物品建议用户保价。填写完成后请用户再次确认并签名。

（3）核对详情单。提醒用户出示身份证明，对寄件人姓名及电话号码等信息核实后方可收寄。

（4）逐件验视。将物品放入"验视专用箱"，核对物品品名、数量等是否和详情单相符，复核无误后逐件验视物品。验视过程中，要做到每件物品全面浏览，关键部位重点查看，如衣服夹缝、鞋袜内、被褥棉絮中、书籍外包装与书面之间、自带纸箱骑缝处、自带填充物等，避免违禁品混入其中。

（5）封装。物品验视后，将物品逐件装入包装箱（袋）中，在客户眼前进行封装。

（6）收寄处理。快件封装后，在快件封面和详情单上方加盖验视章、验视人名章，称重并标注重量，进行费用计算。

2．大宗快件的验视流程

大宗快件的验视流程如图3-16所示。

图3-16　大宗快件的验视流程

（1）确认交寄物品类型。向用户询问所寄物品的种类、数量，确认物品为大宗快件，所寄种类为免检自封快件。如果用户是首次办理免检自封业务，应指导用户按流程操作，签订大宗快件寄递安全协议书。

（2）出具并查验保证书。如所寄物品属于免检自封快件，应请用户出具不违反禁寄、限寄规定的保证书。如用户拒不出具，应按照正常的快件验视流程进行收寄。

（3）查验详情单。对于批准免检的包裹，应请用户出具包裹详情单，确认用户已在包裹详情单上加盖了与保证书一致的单位公章。查验详情单上是否批注"自封"字样或加盖"自封"戳记。若用户未批注"自封"字样，则在详情单各联上加盖"自封"戳记，登记清单备注栏应批注"自封"字样。

（4）随机抽查。在收寄时，应按照所寄物品数量的适当比例进行随机查验，并记录备案查验情况。若发现有禁寄、限寄物品，应取消免验资格。如若用户拒绝开拆，则不予收寄。

（5）收寄处理。称重并标注重量，进行费用计算。

二、快件违禁品查验

1．经陆路运输的国内件禁寄物品

1）易燃易爆、腐蚀性、毒性、强酸碱性和放射性的各种危险品：火柴、雷管、火药、爆竹、汽油、柴油、酒精、硫酸、盐酸、农药等。

2）贵重物品：金条、银条、现金等。

3）可议付物品：信用卡、支票、非现金票证、车票等。

4）古董和工艺品：古代瓷器、精致的玻璃制品等。

5）医学样品：诊断样品、血样、尿样等。

6）各类烈性毒药、麻醉药物和精神物品：砒霜、鸦片、吗啡等。

7）国家法令禁止流通或寄运的物品：文物、武器、弹药、仿真武器等。

8）妨碍公共的物品：尸骨（包括已焚的尸骨）、未经硝制的兽皮、未经药制的兽骨等。

9）难以辨认的白色粉末。

10）动物、植物以及其标本。

2．经航空运输的国内件禁寄物品

1）经陆路运输的国内件禁寄物品。

2）威胁航空飞行安全的物品：压缩气体、干冰、灭火器、蓄气筒（无排放装置，不能再充气的）、救生器（可自动膨胀的）。

3）易燃液体：油漆、汽油、酒精类、机油等。

4）易燃固体：自燃物质，遇水释放易燃气体的物质，如活性炭、钛粉、椰肉干、蓖麻制品、安全火柴、干燥的白磷、干燥的黄磷、镁粉等。

5）氧化剂和过氧化合物：高锰酸钾等。

6）毒性和传染性物品：农药、锂电池、催泪弹等。

三、异常件处理

快件异常是指因为种种原因导致收件人未能及时、顺利签收快件的情况。快件寄出的目的是让收件人签收，只有不能被收件人正常签收的快件才能称为异常快件。

1．及时处理快件异常情况的意义

在快递服务过程中，会因为各种因素造成一些差错和意外，如快件丢失或延迟送达、信息滞后等，这些差错和意外，会引起客户对快递企业服务的不满和投诉。对这些差错和意外，若处理得当，则会加深客户对配送企业诚信度等方面的认识，增进客户与快递企业的感情；若处理不当，则会使客户对企业形成负面的印象，损坏企业的形象。因此，及时有效地处理派送环节中出现的问题显得格外重要。

2. 常见的异常件处理方法

派送过程中会遇到各种各样的问题，异常类型及处理方法如下：

（1）快件外包装破损。

1）外包装破损但没有影响寄物的实际使用，客户愿意签收，并且不追究责任，做正常派件；客户要追究责任，向客户道歉并征求客户解决问题的意见。

2）客户未签收的须在手持终端上备案，并将快件带回营业部进行拍照登记并上报客服部；客户已签收的，须在手持终端上备案，对破损快件进行拍照登记，并由营业部负责人安排人至客户处，须在一个工作日内核实快件破损的真实情况，并进行拍照登记。拍照必须包括：外包装照片、填充物照片、损坏物品照片。

（2）收件方地址不详或错误。

1）收派员需在出仓后半个工作日内上报客服部投诉，逾期为投诉且派送不成功的，由派件员承担责任。

2）收派员根据运单的收件人电话在派送前与收方客户联系，并询问详细地址，约定时间上门派件。

3）如因电话无人接、电话号码不全、电话错误等，导致收派员联系不到收方客户，收派员须在手持终端上备案，并报营业部仓管员处理。

4）如正确的地址在该收派员的服务区域，须按正常派送流程派送，并保证派送时效；如正确的地址不在该收派员的服务区域，或当班次未接到客服部的反馈，需将快件带回营业部交仓管员跟进。

（3）快件付款方式不明。

1）如付款方式不明，收派员将快件交仓管员核实上报，仓管员须在当班次派件出仓前上报客服部。

2）如出仓派送前能核实确认，须将核实后的付款方式明确标注，并加盖"更改确认章"，按核实后的付款方式及时派送。

3）如无法在出仓派送前核实确认，该票快件的付款方式可默认为寄付，按正常派送流程进行派送，可能造成的运费损失由收取该票快件的寄件方收派员承担。

（4）客户搬迁或客户离职。

1）若客户搬迁或客户离职，须立刻在手持终端上备案并上报客服部，待客服人员确认后方可派送。

2）若客服人员在当班次内通知可派送和具体的派送地址，收派员应及时完成该派件的派送。

3）若客服人员未在当班次内确认，须将快件带回营业部交仓管员处理。

4）若月结客户搬迁，收派员除完成上述操作外，另需将客户搬迁的相关信息告知营业部负责人及同一收派区域不同班次的同事。

（5）客户拒付、拒收问题。

1）收派员需询问客户拒收、拒付的原因，并在运单备注栏中写上拒收原因和日期，请客户在"备注栏"内签名。

2）在手持终端上备案并将信息上报客服部备案，将快件带回营业部交仓管员跟进。

（6）派错件。

1）收派员将情况及时向营业部负责人汇报，严禁私自隐瞒处理。

2）收派员及时赶至错派客户处，向客户致歉，并说明错派的原因。

3）如取回快件，须尽快将快件派送给正确的客户；如无法取回，应立即致电通知客服部并联系营业部负责人，反馈处理情况。

（7）至客户处发现客户不在。

1）收派员根据运单的收件人电话与收方客户取得联系。如客户指定代收人，必须确认代收人身份。如客户不指定代收人，则与客户约定再派时间，并在备注栏里注明。约定时间在当班次内，按约定时间上门派送；约定时间超出当班次时间，将快件带回营业部交仓管员跟进。

2）收派员未能联系到收件人，须留下"再派通知单"，在手持终端上备案，将快件带回营业部交仓管员跟进。

项目三 | 配送业务实施

任务实施

情景一 操作过程

步骤1：检查物品前往收件处

需准备的物品：_____

_____

_____

步骤2：检查货物及外包装

检查时应注意事项：_____

_____

_____

步骤3：开箱验货

查看有无违禁品：_____

_____

_____

步骤4：填制快递单

步骤5：称重核价

_____

_____

_____

145

情景二　操作过程

步骤1：检查物品前往收件处
需准备的物品：_____
_____
_____

步骤2：检查货物及外包装

序　号	检查项目	检查结果	备　注

步骤3：查验保证书与详情单
详情单查验：

序号	物品名称	规　格	数　量	重　量	是否检查	检查结果	备　注
1	文件	A4	500件	50kg			
2	文件柜	120cm×180cm×60cm	2个	50kg			

保证书：

××快递公司：

由于涉及企业机密，部分快件箱已经密封，本企业郑重保证，在寄送物品时，遵守以下承诺：

1．寄送物品中无违反快递规定的禁寄物品。

2．快递工作人员可以对快件进行拆箱检查，但必须遵守保密协议。

××企业（公章）

步骤4：随机检查，并进行费用核算
_____
_____
_____
_____

效果评价

序　号	评价内容	满　分	得分结果
1	熟悉普通快件收寄的程序	10	
2	能合理解决情景一的问题	20	
3	熟悉大宗快件收寄的程序	10	
4	能合理解决情景二的问题	20	
5	熟悉快递寄件中违禁品的识别	20	
6	熟悉异常快件的处理程序	20	
7	合　计	100	

项目四 Project 4
仓配布局与配送优化

知识部分
- 仓库与配送中心选址考虑因素
- 仓库与配送中心选址方法
- 配送路线优化原理

实施部分
- 仓库与配送中心选址问题解析
- 配送中心及仓库规划的程序
- 配送车辆调配方案及线路优化
- 配送车辆调配实施过程

智能仓储与配送

任务一 仓库与配送中心选址

任务目标

📖 知识目标
- 理解仓库与配送中心的选址原则。
- 理解配送中心网点的概念。
- 熟悉仓库与配送中心选址需要考虑的因素。
- 熟悉配送中心网点的类型。

📖 技能目标
- 能够灵活应用仓库选址的技术方法。
- 能够根据各种条件选用合适的选址方法。
- 能够运用重心法计算并解决选址问题。

📖 素质目标
- 培养团队协作能力。
- 培养群策群力意识。

职业素养：群策群力

职业素养 团队协作，群策群力

物流中的选址任务需进行严谨的规划设计，必须考虑可持续性和可发展性。选址前要先从配送中心相关业务岗位得到有效的动态数据，甚至要为规划建设提前考察配送中心建设的政策环境、地理环境、自然环境和交通环境，这些任务独立探索是无法完成的，都需要团队的协作才能获得有效的数据支撑。因此，我们需要在学习过程中培养团队协作、群策群力的职业素养。

任务情景

情景一：

某市有O、A、B、C、D共五个区。根据各区所在的地理位置，可以粗略地赋予各区相应的坐标值（见图4-1）。O、A、B、C、D五地的啤酒平均年需求量分别为43.6、84.3、34.7、39.8、67.8万瓶，假设运输费率均为0.05。试用重心法来确定该市啤酒配送仓库的位置，并计算最小运输成本。

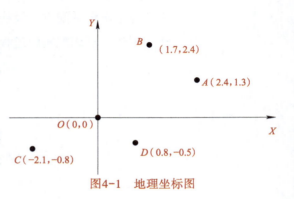

图4-1 地理坐标图

情景二：

某地区要建立一个物流运输中心，需要物流运输中心提供运输服务的客户有P_1、

P_2、P_3、P_4，其相应坐标、年运输量及运输费用如表4-1所示。根据以上信息，请回答下列问题并绘制方案图：

（1）新建物流运输中心的坐标在哪？

（2）新建物流运输中心运营的最小运输费用是多少？

表4-1　客户坐标信息

客　户	P_1	P_2	P_3	P_4
	(X_1, Y_1)	(X_2, Y_2)	(X_3, Y_3)	(X_4, Y_4)
坐　标	(20, 70)	(60, 60)	(20, 20)	(50, 20)
年运输量（吨）	2 000	1 200	1 000	2 500
运输费用（元/吨）	100	80	60	40

情景三：

易初莲花超市要在江西省南昌市建立一所地区级中央配送中心，要求该配送中心能够覆盖该地区五个连锁店，连锁店的坐标及每月的销售额数据如表4-2所示，请给出一个理论上的配送中心位置。

表4-2　连锁店的坐标及每月的销售额

位　置	坐　标	月销售额（元）
连锁店A	（325, 75）	1 500
连锁店B	（400, 150）	250
连锁店C	（450, 350）	450
连锁店D	（350, 400）	350
连锁店E	（25, 450）	450

情景四：

某市区拟新建一配送中心，给位于城东、城西、城南、城北、城中五区的商场配送，各商场的坐标及配送量如表4-3所示。试用重心法求出配送中心的位置坐标。

表4-3　各商场的位置及配送量

区　域	坐　标	配送量（吨）
城东	(10, 4)	4 000
城西	(2, 3)	8 000
城南	(7, 0)	10 000
城北	(5, 8)	8 000
城中	(6, 4)	20 000

知识链接

一、仓库与配送中心选址条件分析

（一）选址原则

仓库与配送中心的选址是其整体规划中至关重要的一步，其位置直接影响到货物流转速度和流通费用，并关系到企业对客户的服务水平和服务质量，最终影响到企业的利润。仓库与配送中心的选址过程应同时遵守适应性原则、协调性原则、经济性原则、战略性原则和可持续发展原则。

1．适应性原则

选址须与国家及省、市的经济发展方针、政策相适应，与我国物流资源分布和需求分布相适应，与国民经济和社会发展相适应。

2．协调性原则

选址应将国家的物流网络作为一个系统来考虑，使其设施设备在地域分布、物流作业生产力、技术水平等方面互相协调。

3．经济性原则

有关选址的费用主要包括建设费用及物流费用（经营费用）两部分，选址的结果要保证费用最低。选址定在市区、近郊区或远郊区，其未来物流活动辅助设施的建设规模、建设费用以及运费等物流费用是不同的，选址时应以总费用最低作为仓库选址的原则。

4．战略性原则

选址应具有战略眼光，一是要考虑全局，二是要考虑长远。局部要服从全局，目前利益要服从长远利益。要用发展的眼光看问题，既要考虑目前的实际需要，又要考虑日后发展的可能。

5．可持续发展原则

可持续发展原则主要指在环境保护上充分考虑长远利益，维护生态环境，促进城乡一体化发展。

（二）仓库与配送中心选址时需要考虑的因素

1．经济环境因素

仓库选址考虑的因素

（1）货流量的大小。仓库与配送中心是现代物流网络的站点，而物流效益与物流规模有相当大的关系，如果没有足够的货流量，其规模效益便不能发挥。所以位置一定要选择在货流量较大的区域。

（2）货物的流向。仓库与配送中心的位置要考虑其所服务产业主要货品的流动方向，避免大量货品出现倒流运输、重复运输等不合理的运输现象。

（3）城市的扩张与发展。选址要考虑城市扩张的速度与方向。例如，20世纪70年代以前处于城乡接合部的仓库，如今已经处于城市中心区，大型货车的进出受限。所以选址位置应考虑城市的发展速度与方向。

（4）交通便利。对于综合型仓库与配送中心来说，一定要选择两种或以上运输方式的交汇地，如港口、车站、交通主干道（国、省道）、铁路编组站、机场等各种运输模式的结合地。对于港口仓库还要选择内河运输与海运的交汇地。对于城市型仓库与配送中心，要选择干线公路高速公路与城市交通网络交汇地，还要拥有铁路专线或靠近铁路货运编组站；其位置必须交通便利，最好靠近交通枢纽，应该有两种或以上运输方式衔接。

2. 自然环境

（1）地理因素。

1）地质条件。主要考虑土壤的承载能力，仓库与配送中心是大宗商品的集结地，货物会对地面形成较大的压力，如果地下存在着淤泥层、流沙层、松土层等不良地质环境，则不适宜建设仓库与配送中心。

2）地形条件。仓库与配送中心应建在地势高、地形平坦的地方，尽量避开山区及陡坡地区，最好选长方地形。

3）远离闹市或居民区。由于仓库与配送中心运作比较繁忙，容易产生许多噪声，所以应考虑远离闹市或居民区。

4）考虑临近企业的特殊性。仓库与配送中心周围不应该有产生腐蚀性气体、粉尘和辐射热的工厂，至少处于这些企业的上风向；还应与易发生火灾的单位保持一定的安全距离，如油库、加油站、化工厂等。

（2）气候因素。

1）气象条件。选址主要考虑的气象条件有年降水量、空气温湿度、风力、无霜期长短、冻土厚度等。

2）水文条件。要认真搜集选址地区近年来的水文资料，需远离容易泛滥的大河流域和上溢的地下水区域，地下水位不能过高，故河道及干河滩也不可选，考虑选在地下水位或洪水水位之上。

3. 政策环境

（1）政策环境背景。选择建设的地方是否有对物流产业的扶持及减税政策，将对物流业的效益产生直接影响；当地的劳动力素质的高低也是需要考虑的因素之一。

（2）国土资源利用。建设应充分利用土地，节约用地，充分考虑到地价的影响，还要兼顾区域与城市的发展规划。

（3）地区产业政策。

4. 其他因素

（1）服务水平。物流服务水平是影响物流产业效益的重要指标之一，所以在选择仓库地址时，要考虑是否能及时送达，应保证客户无论在任何时候向仓库提出需求，都能获得满意的服务。

（2）竞争对手因素。竞争对手的仓库选址对企业的选址工作也具有一定的影响。竞争对手的竞争策略、与竞争对手的实力对比、与竞争对手的差异性等，都会影响到企业的选址工作。

二、仓库与配送中心选址技术方法

仓库或配送中心在选址时除了要考虑以上经济、环境、政策等方面的因素外，利用数学方法对选址的位置进行量化分析也是选址的重要方法之一。

（一）单一设施选址——重心法

1. 重心法基本假设

重心法是单一设施选址问题（即只建设一个配送中心）中最基本的方法之一，使用较为频繁。为了便于探讨问题，理想的重心法理论模型做出以下假设：只考虑现有设施之间的距离和要运输的货物量。

（1）模型常常假设需求量集中于某一点，各个需求点的位置和需求量已知而且不变，且运入和运出成本是相等的，不考虑在不满载的情况下增加的特殊运输费用。

（2）模型没有区分在不同地点建设所需的资本成本，以及与在不同地点经营有关的其他成本的差别，而只是计算运输成本。

（3）模型中配送中心节点与需求点之间的路线通常是假定为直线，且运输费用只与配送中心和需求点之间的直线距离有关，不考虑城市交通状况。

（4）模型只考虑现有设施之间的距离和要运输的货物量，不考虑未来收入和成本及其他变化。

2．重心法原理

重心法是根据几何的方法确定在一个平面或空间内分布有若干的点，求出一点，使其到这若干的点的总成本最低。重心法是一种模拟方法，它将物流系统中的需求点和资源点看成是分布在某一平面内的物流系统，各点的需求量和资源量分别看成是物体的重量，物体系统的重心作为物流网点的最佳设置点，利用求物体系统重心的方法来确定物流网点的位置。

重心法在解决配送中心的选址问题时，把运输成本看成是现有需求点之间运输距离和运输货物量的线性函数。重心法首先要在坐标系中标出各个需求点的位置，目的在于确定各点的相对距离。同时考虑各段运输路线的运输成本。

以单一设施选址的目标为配送中心到各个需求点的总运输费用最少为依据，假设 N 个客户有配送需求，需要建立一个配送中心。每个配送客户在平面坐标系中的坐标是已知的或可求的，为 $(x_i, y_i)(i=1, 2, \cdots, n)$，其各需求点的需求量以及运输费率均已知，则该配送中心的坐标位置 (x, y) 可以用重心法公式求得，计算方法如下：

$$x = \frac{\sum x_i V_i}{\sum V_i} \tag{4-1}$$

$$y = \frac{\sum y_i V_i}{\sum V_i} \tag{4-2}$$

$$d_i = \sqrt{(x-x_i)^2 + (y-y_i)^2} \tag{4-3}$$

$$\min TC = \sum V_i R_i d_i \tag{4-4}$$

式中：TC——总运输成本；

V_i——i 点的运输需求量；

R_i——到 i 点的运输费率；

d_i——从拟建的仓库到 i 点的距离；

x, y——新建仓库的坐标；

x_i, y_i——供应商和需求点位置坐标。

重心法适合于配送范围较小，只设立一个配送中心的情况。重心法模型简单，计算工作量小，可以较快地求出配送中心选址的大体位置，但重心法考虑的因素比较简单，还需要综合考虑前述的各种选址影响因素和实际情况对计算结果进行修正，以得到更合理的选址方案。

3．重心法一般步骤

假设待配送点有5个，各自的坐标为(x_1, y_1)、(x_2, y_2)、(x_3, y_3)、(x_4, y_4)、(x_5, y_5)，每个待配送点需求量/销售量/运输需求量为V_1、V_2、V_3、V_4、V_5，每个待配送点的运输费率为R，现利用重心法来解决单一配送中心选址问题。

步骤1：计算配送中心的坐标(x, y)，利用式4-1和式4-2计算：

$$x = \frac{(x_1 \times V_1) + (x_2 \times V_2) + (x_3 \times V_3) + (x_4 \times V_4) + (x_5 \times V_5)}{V_1 + V_2 + V_3 + V_4 + V_5}$$

$$y = \frac{(y_1 \times V_1) + (y_2 \times V_2) + (y_3 \times V_3) + (y_4 \times V_4) + (y_5 \times V_5)}{V_1 + V_2 + V_3 + V_4 + V_5}$$

步骤2：计算配送中心(x, y)到每个待配送点的距离，利用式4-3计算：

$$d_1 = \sqrt{(x-x_1)^2 + (y-y_1)^2} \qquad d_2 = \sqrt{(x-x_2)^2 + (y-y_2)^2}$$

$$d_3 = \sqrt{(x-x_3)^2 + (y-y_3)^2} \qquad d_4 = \sqrt{(x-x_4)^2 + (y-y_4)^2}$$

$$d_5 = \sqrt{(x-x_5)^2 + (y-y_5)^2}$$

步骤3：计算配送中心(x, y)运营时的最小运输成本，利用式4-4计算：

$$\min TC = V_1 \times R \times d_1 + V_2 \times R \times d_2 + V_3 \times R \times d_3 + V_4 \times R \times d_4 + V_5 \times R \times d_5$$

（二）多个设施选址

对于大多数企业而言，在网点规划时要决定两个或更多仓库的选址问题。这个问题虽然很复杂，而且解决方法都并非完善，但精确法、多重心法、混合—整数线性规划法、模拟法、启发法还是具有参考价值的。

三、配送中心网点布局

（一）配送中心网点概念

物流配送中心的选址，是指在具有若干个资源点（供货点）和若干个需求点的某个经济区域内，选合适的地址设置物流配送中心的规划过程。物流配送中心的选址也称为物流网点的设置。

当一个物流系统中需要设置多个配送中心，这时不仅要确定配送中心的位置，而且还要对配送中心的数量、规模、服务范围等进行决策，建立一个服务好、效率高、费用低的物流网络系统，对此常称为物流配送中心网点。

（二）配送中心网点的类型

1．按物流配送中心的数量分类

一般来说，在物流配送中心选址决策中，处于网络末端的需求点个数一般为多个，而物流配送中心网点的个数可能为一个或多个，因此根据物流配送中心的数量可以分为一元网点布局和多元网点布局两种。

（1）一元网点布局。一元网点布局即单中心选址决策，在此类问题中，物流配送中心的库容量一般为无限制，其选址决策无须考虑设施之间的需求分配、集中库存的效能等，主要需要考虑的因素为物流配送中心的类型、服务对象、交通基础设施条件等。但是，在这些因素中存在着大量的非定量因素，定量模型较难对决策做出客观的评价。

（2）多元网点布局。多元网点布局即多中心选址决策，又可以分为两种情况：一种是物流配送中心的数量固定，其目标是确定各物流配送中心的具体位置；另一种则是物流配送中心数量不固定，其目标不仅要确定物流配送中心的最优数量，而且还要确定其选址位置。

2．按中转物品种类数量分类

按物流配送中心中转物品的种类数量来分，可以将物流配送中心粗略地分成单品种网点和多品种网点两大类型。

（1）单品种网点。单品种网点只中转一种物资，而且该种物资的品种规格简单，互相之间可替代性也比较强，如煤炭、水泥等。

（2）多品种网点。多品种网点中转多种类型的物资，或者虽然只中转一种类型的物资，但品种规格复杂，如机电产品、化工原料、金属材料等。严格来讲，物流网点都应是多品种的，因为即便是同类物资一般也都有不同的品种规格，质量上的好坏和性能上的差异也总是存在的，它们的用途和使用方向也会有所不同。

3．按建模思路分类

按照建模的思路不同，可以将物流配送中心选址的模型做以下分类：

（1）定量模型和定性模型。定量模型是通过对影响物流配送中心选址的主要因素，如运输成本、仓储成本、固定成本、维持成本等因素的定量化计算，来确定最优的网络布局。定性模型的基本思想是通过对影响物流配送中心选址的各种因素的重要程度进行分析，得到各因素的权重来分析评价各种方案的优劣。这种方法一般只适合单中心选址问题。

（2）连续型模型和离散型模型。连续模型认为物流配送中心的地点可在平面上取任意点，代表性的方法是重心法。离散模型则认为物流配送中心的地点是有限的几个可行点中的最优点。

（3）动态模型和静态模型。选址方法可以是静态的，也可以是动态的。换句话说，静态方法一般以某一固定时期的数据为基础来进行分析研究。动态方法则是以历史资料为基础，通过对各数据的增长趋势的分析和预测来进行研究。

任务实施

情景一　操作过程

步骤1：计算依据

_____
_____
_____

步骤2：确定公式

横坐标公式：	纵坐标公式：
$x=$	$y=$

步骤3：确定已知条件

_____
_____
_____

步骤4：求初始位置

$x=$ _____ ＝（　　　　）

$y=$ _____ ＝（　　　　）

由此，现得出配送仓库的新坐标值（____，____）。

步骤5：确定距离参数

计算新配送仓库的坐标位置与各需求点的距离，根据距离公式来计算：

距离公式：$d_i=$ _____（公式）

$\quad d_0=$ _____ ＝

$\quad d_A=$ _____ ＝

$\quad d_B=$ _____ ＝

$\quad d_C=$ _____ ＝

$\quad d_D=$ _____ ＝

智能仓储与配送

步骤6：计算最小运输成本

根据以上计算出新配送仓库的坐标位置与各需求点的距离，利用成本公式计算最小运输成本。

最小成本公式：min TC=＿＿＿＿＿＿＿＿＿＿＿＿＿＿＿＿＿＿＿＿（公式）
　　　　　　　＝＿＿＿＿＿＿＿＿＿＿＿＿＿＿＿＿＿＿＿＿＿＿
　　　　　　　＝（　　　　　　）元

步骤7：绘制方案图

各小组得出分析结论，画出配送仓库的位置（用★代表），并绘出配送辐射图：

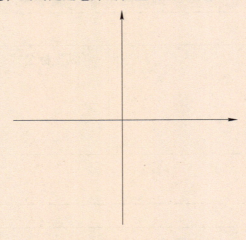

情景二　操作过程

步骤1：求初始位置

＿＿＿＿＿＿＿＿＿＿＿＿＿＿＿＿＿＿＿＿＿＿＿＿＿＿＿＿＿＿＿＿＿＿＿＿＿＿
＿＿＿＿＿＿＿＿＿＿＿＿＿＿＿＿＿＿＿＿＿＿＿＿＿＿＿＿＿＿＿＿＿＿＿＿＿＿
＿＿＿＿＿＿＿＿＿＿＿＿＿＿＿＿＿＿＿＿＿＿＿＿＿＿＿＿＿＿＿＿＿＿＿＿＿＿
＿＿＿＿＿＿＿＿＿＿＿＿＿＿＿＿＿＿＿＿＿＿＿＿＿＿＿＿＿＿＿＿＿＿＿＿＿＿

步骤2：确定距离参数

＿＿＿＿＿＿＿＿＿＿＿＿＿＿＿＿＿＿＿＿＿＿＿＿＿＿＿＿＿＿＿＿＿＿＿＿＿＿
＿＿＿＿＿＿＿＿＿＿＿＿＿＿＿＿＿＿＿＿＿＿＿＿＿＿＿＿＿＿＿＿＿＿＿＿＿＿
＿＿＿＿＿＿＿＿＿＿＿＿＿＿＿＿＿＿＿＿＿＿＿＿＿＿＿＿＿＿＿＿＿＿＿＿＿＿
＿＿＿＿＿＿＿＿＿＿＿＿＿＿＿＿＿＿＿＿＿＿＿＿＿＿＿＿＿＿＿＿＿＿＿＿＿＿

步骤3：计算最小运输成本

＿＿＿＿＿＿＿＿＿＿＿＿＿＿＿＿＿＿＿＿＿＿＿＿＿＿＿＿＿＿＿＿＿＿＿＿＿＿
＿＿＿＿＿＿＿＿＿＿＿＿＿＿＿＿＿＿＿＿＿＿＿＿＿＿＿＿＿＿＿＿＿＿＿＿＿＿
＿＿＿＿＿＿＿＿＿＿＿＿＿＿＿＿＿＿＿＿＿＿＿＿＿＿＿＿＿＿＿＿＿＿＿＿＿＿
＿＿＿＿＿＿＿＿＿＿＿＿＿＿＿＿＿＿＿＿＿＿＿＿＿＿＿＿＿＿＿＿＿＿＿＿＿＿

步骤4：绘制方案图

```
方案图
```

情景三　操作过程

步骤1：在坐标系中标出各个地点的位置

步骤2：根据各点在坐标系中的横纵坐标值求出成本运输最低的位置坐标

_____
_____
_____

步骤3：根据已求出配送中心的坐标和步骤1完成的坐标图绘制最终的配送中心配送辐射图

智能仓储与配送

情景四　操作过程

步骤1：在坐标系中标出各个地点的位置

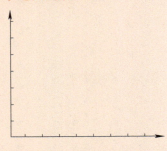

步骤2：根据各点在坐标系中的横纵坐标值求出成本运输最低的位置坐标

_____
_____
_____

步骤3：根据已求出配送中心的坐标和步骤1完成的坐标图绘制最终的配送中心配送辐射图

效果评价

序　号	评价内容	满　分	得分结果
1	题目分析的合理性	10	
2	公式运用的准确性	10	
3	新坐标计算的正确性	15	
4	地理位置绘图的清晰与正确程度	20	
5	能合理解决情景一的问题	15	
6	能合理解决情景二的问题	15	
7	能合理解决情景三的问题	15	
8	合　　计	100	

项目四 | 仓配布局与配送优化

任务二　仓库与配送中心内部布局

任务目标

📖 知识目标
- ∞ 了解仓库库区总体布局。
- ∞ 理解仓库内区域动线类型。
- ∞ 掌握各种仓库内区域动线类型的特点。

📖 技能目标
- ∞ 能够掌握仓库布局流动形式。
- ∞ 能够根据实际情况有效计算出仓库区总体布局情况。
- ∞ 能够分析出每种动线类型适合的作业类型。
- ∞ 能够针对情景模拟设计布局流动作业方案。

📖 素质目标
- ∞ 培养动手能力。
- ∞ 培养创新能力。

职业素养：如何提升创新能力

职业素养　守正创新

守正才能不迷失方向、不犯颠覆性错误，创新才能把握时代、引领时代。现代化物流企业的成功探索就是一个在继承中发展、在守正中创新的历史过程。作为物流企业要在保证服务水平的同时进行创新型设计。仓库与配送中心内部的布局设计方案并不是唯一的，为寻找更合理、更适应于现代仓储的布局优化方案，需要掌握布局设计基本技能的同时发挥创新意识，才能使布局方案更加具有时代性和应用性。

任务情景

情景一：

成都景程继电器装配中心的原材料仓库和厂房的布局设计如图4-2所示，生产运作中发现JIT（准时制）生产方式实施时效果不好，李海担任主管来负责这个任务，让我们跟随李海一起来分析并解决这个问题吧。

图4-2的设计图中，收货平台和发货平台的大小均为100m×30m，仓库大小为100m×250m，道路长度为400m，工厂大小为100m×300m，工厂发货平台到工厂内最短的送货距离为430m，最长送货距离为650m，工厂生产采用JIT生产方式，即仓库送货采用高频率小批量的送货方式。根据以上信息，请回答下列问题：

（1）该仓库设计采用了哪种布局形式？

（2）你认为从收货到发货，最后给工厂送货这种布局方式是否合理？请说明理由。如果不合理，请画出合理的布局图，并标明货物的流动方向，同时请说明新布局中仓库设计采用了哪种布局形式。（备注：在进行新的布局设计时，空间足够，可以随意设计。）

图4-2 原材料仓库和厂房的布局设计图

> **知识链接**

一、仓库网点规划的概念与实质

1. 仓库网点规划的概念

（1）仓库网点。负责某一地区、组织或企业的物品中转供应的所有仓库构成这一地区、部门或企业的仓库网点。

（2）仓库网点规划。仓库网点规划指上述仓库在一定体制下按照特定的组织形式在特定地域范围内的分布与组合。

2. 仓库网点规划的实质

仓库网点规划实质上是一个地区、组织或企业的储备分布问题，配置是否合理不仅会直接影响到该地区、组织或企业资源供应的及时性和经济性，还会在一定程度上影响相关区域、组织或企业的库存水平及库存结构。

在企业自用仓库的网点规划设计过程中，由于企业规模不同，有时这一决策相对简单，有时却异常复杂。例如，只供应单一市场的中小企业通常只需一个仓库，而产品市场遍及全国各地的大规模企业要经过仔细分析和慎重考虑才能做出正确选择。在营业型仓库的网点规划设计中，这个问题所涉及的因素则更加复杂，因为这样一个仓库建成之后通常会改变其所在地区以往的直达和中转货物的比例。

二、仓库网点规划的原则

仓库网点是为特定的企业或区域服务的，所以，仓库网点规划必须依照以下原则来进行：

1. 一致性

仓库网点规划必须与所在地区或服务对象的经济地理条件、生产力发展水平和发展规划相一致。

2. 服务性

仓库是为生产、流通服务的，因而不能脱离市场需求，服务不足和服务超前都不可取。

3. 经济性

仓库建设会使大量成本和问题沉淀下来，对所属企业和所处地区产生长期影响，因而网点规划一定要建立在成本—收益比较的基础上。

三、仓库网点规划的主要内容

1. 仓库数量决策

仓库数量的多少主要受成本、客户服务的需要、运输服务水平、中转供货的比例、计算机的应用、单个仓库的规模等因素的影响。

（1）成本。影响仓库数量的成本主要是物流总成本和失销成本。仓库数量对物流系统的各项成本有着重要影响。一般来说，随着仓库数量的增加，运输成本和失销成本会减少，而存货成本和仓储成本将增加，仓库数量（见图4-3）和物流总成本之间的关系：

首先，由于仓库数量的增加，企业可以进行大批量运输，所以运输成本会下降。此外，在销售物流方面，仓库数量的增加使仓库更靠近客户和市场，减少了商品的运输里程，这不仅会降低运输成本，而且由于能及时满足客户需求，提高了客户服务水平，减少了失销机会，从而降低了失销成本。

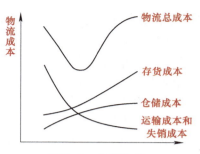

图4-3　仓库数量

其次，由于仓库数量的增加，总的存储空间也会相应地扩大，因此仓储成本会上升。由于在仓库的设计中，需要一定比例的空间用于维护、办公、摆放存储设备等，而且通道也会占用一定空间，因此，小仓库比大仓库的利用率要低得多。

最后，当仓库数量增加时，总存货量就会增加，这意味着需要更多的存储空间，相应的存货成本就会增加。

由此可以看出，随着仓库数量的增加，运输成本和失销成本的迅速下降导致总成本下降。但是，当仓库数量增加到一定规模时，存货成本和仓储成本的增加额会超过运输成本和失销成本的减少额，于是总成本开始上升。当然，不同企业的总成本曲线不尽相同。

（2）客户服务的需要。较高的物流服务需要较高的物流成本支持，其中的措施之一就是设立较多的仓库网点。对于企业来讲，商品的可替代程度与所需的客户服务水平之间存在着很强的相关关系。当企业的服务反应速度远低于竞争对手时，它的销售量就会大受影响。如果客户在需要的时候不能买到产品，那么再好的广告和促销活动都不起作用。当客户对服务标准要求很高时，就需要更多的仓库来及时满足客户需求。

（3）运输服务水平。如果需要快速的客户服务，那么就要选择快速的运输服务。如果不能提供合适的运输服务就要增加仓库数量来满足客户对交货期的要求。

（4）中转供货的比例。中转供货比例的大小对仓库需求的影响非常大，当一个地区或企业中转供货的比例小，而直达供货的比例大时，这个区域或企业需要的仓库数量就会比较少，而单个仓库的规模则会比较大；反之，当这个地区或企业中转供货的比例大，而直达供货的比例小时，这个区域或企业需要的仓库数量就会比较多。

（5）计算机的应用。计算机的普及和使用成本的降低使应用模型及配套软件在现代化仓库中得以应用，利用计算机可以改善仓库布局和设施、控制库存、处理订单，从而提高仓库资源的利用率和运作效率，使仓库网点规划中空间位置与数量之间的矛盾得以缓解，实现以较少的仓库满足现有用户需求的目标。物流系统的响应越及时，对仓库数量的需求就越少。

（6）单个仓库的规模。单个仓库的规模越大，其单位投资就越低，而且可以采用处理大规模货物的设备，因此单位仓储成本也会降低。因此，从仓库规模来看，当单个仓库的规模大且计算机管理运用程度高的时候，仓库数量可以少一些；反之，则应增加数量以弥补容量及业务能力的不足。

2. 确定各仓库规模

通常情况下，仓库的规模以面积、容积和吞吐能力来表示。一个仓库的空间规模主要受以下因素影响：客户服务水平、市场大小、最大日库存量、库存物品尺寸、所使用的物料搬运系统、仓库日吞吐任务量、供应提前期、规模经济、仓库布局、过道要求、仓库办公区域、使用的货架类型以及需求水平和模式。

四、仓库库区总体布局

仓库库区总体布局是指在城市规划管理部门批准使用地的范围内,按照一定的原则,把仓库的各种建筑物、道路等用地进行合理协调的系统布置,使仓库的各项功能得到发挥。

1. 仓库库区构成

仓库库区由储运生产区、辅助生产区和行政商务区构成。储运生产区主要进行装卸货、入库、拣选、流通加工、出库等作业,这些作业一般具有流程性的前后关系。辅助生产区和行政商务区内主要进行计划、协调、监督、信息传递、维修等活动,与各储运生产区有作业上的关联性。

2. 影响仓库总体布局的主要因素

(1) 周围环境。仓库周围的环境包括四邻及附近产生有害气体、固体微粒、震动等情况,以及交通运输条件和协作方的分布等。

(2) 存货特点。存货特点指仓库建成后存放的物品的性质、数量以及所要求的保管条件。

(3) 仓库类型。仓库类型指仓库本身的性质特点,例如综合仓库与专业仓库就会有明显的不同。

(4) 作业流程。作业流程指仓库作业的构成及相互关系。

(5) 作业手段。自动化、机械化和人工作业在布局方面会有质的差别。

3. 总体布局的基本原则

(1) 便于储存保管。仓库的基本功能是对库存进行储存保管。总体布局要为保管创造良好的环境,提供适宜的条件。

(2) 利于作业优化。仓库作业优化指提高作业的连续性,实现一次性作业,减少装卸次数,缩短搬运距离,使仓库完成一定任务所发生的装卸搬运量最少。同时还要注意各作业场所和部门之间的业务联系和信息传递。

(3) 保证仓库安全。仓库安全是一个重要的问题,其中包括防火、防洪、防盗、防爆等。总体布局必须符合安全部门规定的要求。

(4) 节省建设投资。仓库中的延伸性设施——供电、供水、排水、供暖、通信等设施对基建投资和运行费用的影响都很大,所以应该尽可能集中布置。

五、仓库面积的组成及计算

1. 实用面积

实用面积指仓库中货垛或货架占用的面积。实用面积的计算主要有三种方法。

(1) 计重物品就地堆码。实用面积按仓容定额计算,公式为

$$S_\text{实}=Q/N_\text{定} \tag{4-5}$$

式中:$S_\text{实}$——实用面积(m^2);

Q——该种物品的最高储备量(t);

$N_\text{定}$——该种物品的仓容定额(t/m^2)。

仓容定额是指某仓库中某种物品单位面积上的最高储存量,单位是t/m^2。不同物品的仓容定额是不同的,同种物品在不同的储存条件下其仓容定额的大小受物品本身的外形、包装状态、仓库地坪的承载能力和装卸作业手段等因素的影响。

（2）计件物品就地堆码。实用面积按可堆层数计算，公式为

$$S_{实}=单件底面积 \times \frac{总件数}{可堆积层数} \quad (4-6)$$

（3）上架存放物品。上架存放物品要计算货架占用面积，公式为

$$S_{实}=\frac{Q}{(l \cdot b \cdot h) \cdot k \cdot r}(l \cdot b)=\frac{Q}{h \cdot k \cdot r} \quad (4-7)$$

式中：$S_{实}$——货架占用面积（m²）；

　　　Q——上架存放物品的最高储备量（t）；

　l，b，h——货架的长、宽、高（m）；

　　　k——货架的容积充满系数；

　　　r——上架存放物品的容重（t/m³）。

2. 有效面积

有效面积是指仓储作业占用面积，包括实用面积、通道、检验作业场地面积之和。其计算方法主要有以下几种：

（1）比较类推法。比较类推法以现已建成的同级、同类、同种仓库面积为基准，根据储量增减比例关系，加以适当调整来推算新建库的有效面积。其计算公式为

$$S=S_0 \cdot \frac{Q}{Q_0} \cdot k \quad (4-8)$$

式中：S——拟新建仓库的有效面积（m²）；

　　　S_0——参照仓库的有效面积（m²）；

　　　Q——拟新建仓库的最高储备量（t）；

　　　Q_0——参照仓库的最高储备量（t）；

　　　k——调整系数（当参照仓库的有效面积不足时，$k>1$；当参照仓库的有效面积有余时，$k<1$）。

（2）系数法。系数法是根据实用面积及仓库有效面积利用系数计算拟新建仓库的有效面积。其计算公式为

$$S=\frac{S_{实}}{\alpha} \quad (4-9)$$

式中：S——拟新建仓库的有效面积（m²）；

　　　$S_{实}$——实用面积（m²）；

　　　α——仓库有效面积利用系数，即仓库实用面积占有效面积的比重。

（3）直接计算法。先计算出货垛、货架、通道、收发作业区、垛距、墙距所占用的面积，然后将它们相加求和。

六、仓库布局

1. 库区布局

一个仓储配送中心库区（见图4-4）一般可分为办公楼、地磅、验货区、仓库、维修间、设备存放场地、货场等区域，各区域的主要功能如表4-4所示。

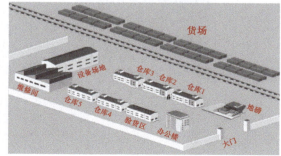

图4-4　库区布局图

2. 仓库内部布局

仓库作为存放物品的建筑物和场地，可以是房屋建筑、大型容器、洞穴或者特定的场地等，具有存放和保护物品的功能。仓库库内布局要求在一定区域内，对仓库的数量、规模、地理位置和仓库设施设备等各要素进行科学规划和整体设计（见图4-5）。

仓库内部主要有电子标签拣选区、立体货架区、平仓区、残损区、待检区、流通加工区、托盘存放区、设备存放区等区域，各区域的主要功能如表4-5所示。

表4-4 库区功能介绍

主要设施	功　　能	图　　解	主要设施	功　　能	图　　解
办公楼	处理配送中心各项日常事务		维修间	维修各种设施设备	
仓库	存储并保管各种货品		设备存放场地	存放各种设施设备	
验货区	检验货品的质量		地磅	设置在地面上的大磅秤，通常用来称卡车的载货吨数	
货场	俗称"露天仓库"，用于堆放货品				

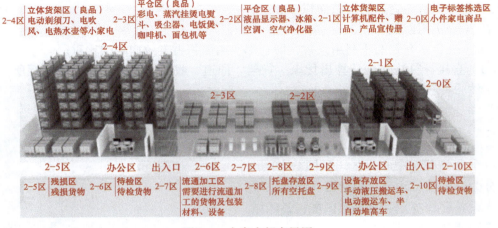

图4-5 仓库内部布局图

表4-5 仓库内部功能介绍

主要设施	功能	图解	主要设施	功能	图解
电子标签拣选区	1. 装电子标签拣货系统 2. 指示应拣取的商品及数量，直接进行拣选 3. 存放小件商品		待检区	用于暂存处于检验过程中的商品	
平仓区	存放体积大、重量大的货物		残损区	用于暂存残损的商品	
托盘存放区	用于存放托盘		设备存放区	用于暂存设备	

主要设施	功能	图解
立体货架区	1. 物品能整理分类存储，可一目了然，防止遗忘 2. 能预定储存物品位置，方便管理 3. 物品能立体储存，有效利用空间 4. 可防止物品因多层叠放而压伤变形 5. 可快速取出所需物品，而不必移乱其他物品 6. 能配合搬运设备来存取货品，节省人工及时间	
流通加工区	在物品从生产领域向消费领域流动的过程中，为了促进产品销售、维护产品质量和实现物流效率化，对物品进行加工处理，使物品发生物理或化学性变化的功能	

七、仓库布局流动形式

货物在仓库中的自然流动过程体现了以上四个阶段，在规划仓库布局时必须尽量缩短每个步骤之间的移动距离，使移动过程尽可能通畅连续。通常货物在仓库中的流动有三种方式，即U形流动、直线形流动和T形流动，如图4-6～图4-8所示。

1. U形流动

U形流动在建筑物一侧有相邻的两个收货站台和发货站台，并且具有以下特点：

（1）站台可以根据需要作为收货站台或发货站台。

（2）如有必要可以在建筑物的两个方向发展。

（3）使用同一通道供车辆出入。

（4）易于控制和安全防范。

（5）环境保护问题较小。

2．直线形流动（I形流动）

直线形流动的出货和收货区域在建筑物不同的方位。它往往用于接收相邻近工厂的货物，或用于不同类型车辆来出货和发货。直线形布置受环境和作业特性的限制，比如中国北方不适于直线形布局库房，因为冬季会形成穿堂风，影响作业。

3．T形流动

T形流动是在直线形流动的基础上增加了存货区域功能，它有以下特点：

（1）可以满足快速流转和储存两个功能。

（2）可以根据需要增加储存面积。

（3）仓库使用的范围更广。

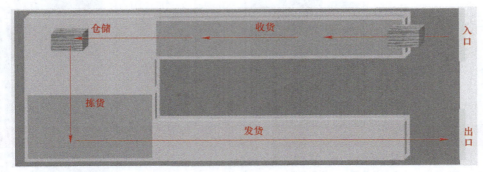

图4-6　U形流动

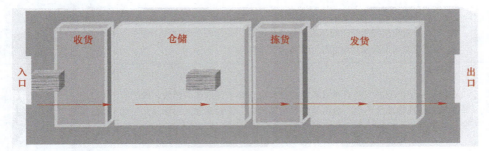

图4-7　直线形流动

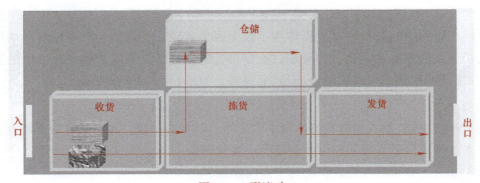

图4-8　T形流动

项目四 | 仓配布局与配送优化

任务实施

任务情景　操作过程

步骤1：确定布局形式
该仓库设计采用了_____布局形式。　A. 直线形流动　B. U形流动　C. T形流动

步骤2：判断合理性　　　　　　　　（　　）合理　　　（　　）不合理

步骤3：阐述原因
_____
_____

步骤4：合理方案1

（绘制图形）

步骤5：合理方案2

（绘制图形）

167

步骤6：合理方案3

（绘制图形）

效果评价

序　号	评价内容	满　　分	得分结果
1	理解仓库库区总体布局	10	
2	理解仓库内区域动线类型	10	
3	掌握各种仓库内区域各动线类型的特点	15	
4	能够根据企业的实际情况有效计算出仓库区总体布局情况	20	
5	能够分析出每种动线类型适合的作业类型	10	
6	能够针对企业模拟案例设计布局流动作业方案	15	
7	能合理解决任务情景的问题	20	
8	合　　计	100	

任务三　配送路线优化

任务目标

📖 **知识目标**
- ☞ 了解配送路线优化意义。
- ☞ 理解配送路线优化的影响因素。

📖 **技能目标**
- ☞ 能够分析条件选择配送路线优化的方法。
- ☞ 能够合理地制订最优配送线路方案。

📖 **素质目标**
- ☞ 培养精准计算的能力。
- ☞ 培养成本节约意识。

职业素养：节约的重要性

职业素养　成本节约意识

节约应是物流企业发展奋进的一种精神气质，要看清现实难题，本着节约的态度，才能成为具有时代新风新貌的物流人才。节约资源是物流成本控制的必要条件。物流成本结构中配送成本占主要地位，配送中的线路优化问题归根结底是为了节约配送的总路程。在配送服务合理完成的情况下，不仅节约了大量的路径而且节约了大量的配送成本。不仅是成本，还有资源、人力、物力等各个方面都需要我们本着节约的意识去学习和研究。作为物流学子，我们应弘扬劳动精神、勤俭节约精神，培育时代新风新貌。

任务情景

情景一：

通达配送中心向7个客户配送货物，其配送路线网络、配送中心与客户的距离以及客户之间的距离如图4-9所示，图中括号内的数字表示客户的需求量（单位：t），线路上的数字表示两节点之间的距离（单位：km），现配送中心有2台4t卡车和2台6t卡车两种车辆可供使用，且配送车辆一次巡回里程不超过45km。

（1）试用节约里程法制订最优的配送方案。

（2）设配送中心在向客户配送货物过程中单位时间平均支出成本为450元，假定卡车行驶的平均速度为25km/h，试比较优化后的方案比单独向各客户分送可节约多少费用？

智能仓储与配送

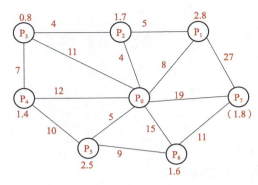

图4-9　客户网络图1

情景二：

佳乐粮油配送中心向5个客户配送货物，其配送路线网络、配送中心与客户的距离以及客户之间的距离如图4-10所示，图中括号内的数字表示客户的需求量（单位：t），线路上的数字表示两节点之间的距离（单位：km），现配送中心有3台2t卡车和2台4t卡车两种车辆可供使用，要求顺时针配送。

（1）试用节约里程法制订最优的配送方案。

（2）假定卡车行驶的平均速度为40km/h，试比较优化后的方案比单独向各客户分送可节约多少时间？

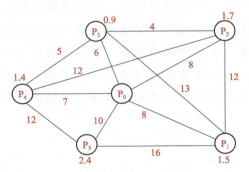

图4-10　客户网络图2

知识链接

配送是物流中的核心环节，路径的选择是配送活动中非常重要的一项工作。在物品的配送过程中，配送路线是否合理直接影响到配送的效益、成本以及服务质量。由于消费者的需求不断趋于多样化，对配送的时间的要求也日趋严格，尤其是配送海产品、花卉、蔬菜、奶制品等讲究新鲜度的高时效性商品时，如果配送不及时就会造成其价值的大幅度降低。但是传统的物流配送难以满足严格的时效性要求，要改变这种状况，关键是从配送时间和线路上寻求突破。

一、配送路线优化意义及影响因素

1. 配送路线优化的含义

配送路线是指各送货车辆向各个客户送货时所要经过的线路。

配送路线优化：即为提高配送的效益、降低配送成本以及提高服务质量，采用科学、合理的方法选择并确定最短配送路线的方法。换句话说，就是整合影响配送运输的各种因素，适时适当地利用现有的运输工具和道路状况，及时、安全、方便、经济地将客户所需的商品准确地送达客户手中。

2. 配送路线优化的意义

选择合的理配送路线，对企业和社会都具有很重要的意义：

（1）缩短配送时间和配送里程，加快物流速度，提高资金使用效率。

（2）提高企业作业效率，有利于企业提高竞争力与经济效益。

（3）增加车辆利用率，节约运输费用，降低物流配送成本。

（4）准时、快速地把货物送到客户的手中，提高客户满意度。

此外，配送路线优化还能缓解社会交通紧张状况，减少噪声、尾气排放等运输污染，保护生态平衡，降低了社会物流成本，对民生和环境也有不容忽视的作用。

3. 影响配送路线优化的因素

（1）运输距离。

（2）运输环节。

（3）运输工具。

（4）运输时间。

（5）运输费用。

二、配送路线优化的目标及约束条件

1. 配送路线优化的目标

目标的选择是根据配送的具体要求、配送中心的实力及客观条件来确定的。配送路线优化的目标可以有多种选择：

（1）以效益最高为目标。

（2）以成本最低为目标。

（3）以路程最短为目标。

（4）以吨公里数最小为目标。

（5）以准确性最高为目标。

（6）以运力利用最合理为目标。

（7）以劳动消耗最低为目标。

2. 配送路线优化的约束条件

一般配送路线的约束条件有以下几项：

（1）满足所有客户对货物品种、规格、数量的需求。

（2）满足收货人对货物送达时间范围的要求。

（3）在允许通行的时间段内进行配送。

（4）各配送路线的货物量不得超过车辆容积和载重量的限制。

（5）在配送中心现有运力允许的范围内。

（6）配送中心是车辆路线的出发点又是终点。

三、配送路线优化的方法

由于配送的复杂性，配送路线的优化一般要结合数学方法及计算机求解的方法来制订合理的配送方案，配送路线优化的方法主要有表上作业法、位势法、直送式配送运输、节约里程法。

节约里程法，也称为分送式配送运输，是指由一个供应点对多个客户的共同送货。其基本条件是同一条线路上所有客户的需求量总和不大于一辆车的额定载重量，送货时，由这一辆车装着所有客户的货物，沿着一条精心挑选的最佳路线依次将货物送到各个客户手中，这样既能保证按时按量将客户需要的货物及时送到，又能节约车辆，节省费用，缓解交通紧张的压力，并减少运输对环境造成的污染。

节约里程法的核心思想是依次将运输问题中的两个回路合并为一个回路，每次使合并后的总运输距离减小的幅度最大，直到达到一辆车的装载限制时，再进行下一辆车的优化。优化过程分为并行方式和串行方式两种。

1. 假设条件

（1）P_0为配送中心点。

（2）P_i、P_j都是需要配送的节点。

（3）D_{0i}、D_{0j}、D_{ij}为各节点间的最短距离。

（4）配送的是同一种或相类似的货物。

（5）各用户的位置及需求量已知。

（6）配送方有足够的运输能力。

2. 基本原理（见图4-11）

方案A：P_0—P_i—P_0—P_j—P_0；路程=$2(D_{0i}+D_{0j})$。

方案B：P_0—P_i—P_j—P_0；路程=$D_{0i}+D_{0j}+D_{ij}$。

对方案A和方案B做差，则节约的里程数为

$$\triangle P_{ij}=2(D_{0i}+D_{0j})-(D_{0i}+D_{0j}+D_{ij})=2D_{0i}+2D_{0j}-D_{0i}-D_{0j}-D_{ij}=D_{0i}+D_{0j}-D_{ij}$$

即，节约里程公式为 $\triangle P_{ij}=D_{0i}+D_{0j}-D_{ij}$ （4-10）

图4-11 基本原理

四、节约里程法的应用步骤

某某配送中心P_0向4个客户（P_1、P_2、P_3、P_4）配送货物，其配送路线网络、配送中心与客户的距离以及客户之间的距离如图4-12所示，假设图中线段为直线直达距离（单位为km），图中括号内的字母表示客户的需求量（单位为t），线路上的字母表示两节点之间的距离，现配送中心有2台吨位为M的卡车可供使用，要求顺时针配送，且一次巡回距离不超过S（km）。我们来用节约里程法解决一下最优配送方案。

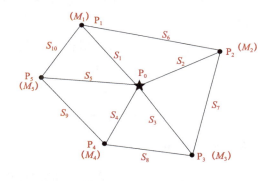

图4-12 配送关系图

步骤1：找出配送网络各节点之间的最短距离，填写运输里程表（见表4-6）。假设表4-6中的数据为最短路径。

表4-6 运输里程表

需要量	P_0				
M_1	S_1	P_1			
M_2	S_2	S_6	P_2		
M_3	S_3	S_1+S_3	S_7	P_3	
M_4	S_4	S_1+S_4	S_2+S_6	S_8	P_4
M_5	S_5	S_{10}	S_2+S_5	S_3+S_5	S_9	P_5

步骤2：利用节约里程公式4-10来对表4-6中各点数据进行节约里程运算。

例如：P_1与P_2两点间节约里程数 $\triangle P_{12}=D_{01}+D_{02}-D_{12}=S_1+S_2-S_6$。

除P_0点外其他任意两点间的节约里程数运算后填入节约里程表（见表4-7）。

表4-7 节约里程表

需要量	P_0					
M_1	S_1	P_1				
M_2	S_2	$\triangle P_{12}$	P_2			
M_3	S_3	$\triangle P_{13}$	$\triangle P_{23}$	P_3		
M_4	S_4	$\triangle P_{14}$	$\triangle P_{24}$	$\triangle P_{34}$	P_4	
M_5	S_5	$\triangle P_{15}$	$\triangle P_{25}$	$\triangle P_{35}$	$\triangle P_{45}$	P_5

步骤3：对表4-7中的节约里程数按从大到小得顺序进行排列。假设$\triangle P_{25}>\triangle P_{12}>\triangle P_{34}$，下面的举例中只显示了有效数据。

例如： 序号　　　路线　　　节约里程

　　　　1　　　　P_{25}　　　　$\triangle P_{25}$

　　　　2　　　　P_{12}　　　　$\triangle P_{12}$

　　　　3　　　　P_{34}　　　　$\triangle P_{34}$

步骤4：制作方案，注意是顺时针配送。

方案一：$P_0 \xrightarrow{S_5} P_5 \xrightarrow{S_{10}} P_1 \xrightarrow{S_6} P_2 \xrightarrow{S_2} P_0$　巡回里程数：$S_5+S_{10}+S_6+S_2 \leq S$
　　　　　　（M_5）　（M_1）　（M_2）　　总运输量：$M_5+M_1+M_2 \leq M$

方案二：$P_0 \xrightarrow{S_5} P_3 \xrightarrow{S_{10}} P_4 \xrightarrow{S_2} P_0$　巡回里程数：$S_3+S_8+S_4 \leq S$
　　　　　　（M_3）　（M_4）　　总运输量：$M_3+M_4 \leq M$

步骤5：绘制最优配送路线图，如图4-13所示。

【典型工作任务分析】
配送线路优化

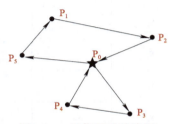

图4-13 最优配送路线图

项目四 仓配布局与配送优化

任务实施

情景一 操作过程

步骤1：填制运输里程表

需要量								

步骤2：填制节约里程表

需要量								

步骤3：按节约里程排序

序号	路线	节约里程	序号	路线	节约里程
1					
2					
3					
4					
5					
…					

步骤4：绘制最终优化路径图

步骤5：配送优化方案

_____

_____

_____

_____

智能仓储与配送

情景二 操作过程

步骤1：填制运输里程表

需要量							

步骤2：填制节约里程表

需要量							

步骤3：按节约里程排序

序 号	路 线	节约里程	序 号	路 线	节约里程
1					
2					
3					
4					
5					
…					

步骤4：绘制最终优化路径图

步骤5：配送优化方案

效果评价

序 号	评价内容	满 分	得分结果
1	理解节约里程法的原理	10	
2	熟悉节约历程法的计算过程	10	
3	能合理解决情景一的问题	20	
4	熟悉配送方案的设计	10	
5	能够分析配送优化中常见的问题	10	
6	能合理解决情景二的问题	20	
7	方案及结论的可行性	20	
8	合　计	100	

任务四　车辆配载与调度

任务目标

📖 知识目标
- 理解车辆配载的目标。
- 熟悉车辆配载的原则。
- 熟悉车辆配载的常用方法。

📖 技能目标
- 能够掌握配送车辆调配管理内容。
- 能够掌握车辆调度实施的过程。

📖 素质目标
- 培养精准计算的能力。
- 培养有效沟通的能力。

职业素养：沟通的意义

职业素养　精准计算，有效沟通

车辆调度的学习涉及经验调度和定额比等方法，这些都是物流企业在配送中较实用的分析方法。在实际操作时，要想完成整个调度流程还需要运输各部门有效的协调与沟通，得到有效的数据和待解决问题，才能进行积载的精准计算与调度安排。因此，作为物流学子在此项任务中不仅要进行精准计算还要具备有效沟通的能力。

任务情景

伊莲农产品配送中心某日需要运输玉米600t、鸡蛋200t、苹果800t。该中心有大型车30辆、中型车40辆、小型车40辆，各种车辆每日只运输一种物资。运输定额如表4-8所示，请分别用经验调度法、定额比法来分析车辆调度方案。

表4-8　车辆运输定额表　　　　　　　　　　[单位：t/（日·辆）]

车辆种类	玉　米	鸡　蛋	苹　果
大型车	30	18	15
中型车	20	16	12
小型车	15	14	10

> 知识链接

一、车辆配载与调配管理

（一）车辆配载的目标

在明确了客户的配送顺序后，接着就是车辆配载的问题。配载的目标是在充分保证货物质量与数量完好的前提下，尽可能提高车辆的装载率和车辆的利用率，节省运力，降低配送成本。由于货物的重量、体积及包装形式各异，具体车辆的配载要根据客户的要求结合货物及车辆的具体情况综合考虑，多数情况下主要依靠经验或简单的计算来设计配载方案。

（二）车辆配载的原则

为了提高配送效率、降低配送成本和减少货损货差，车辆配载应遵循如下原则：

（1）装车的顺序：先送后装。

（2）轻重搭配：重不压轻。

（3）大小搭配：大不压小。

（4）货物性质搭配，注意化学性质、物理性质，相互抵触的货物不能同车装运。

（5）同一送货地点的货物应尽可能一次配载，且相邻装载，同一票的货物相邻装载。

（6）确定合理的堆码层次与方法。

（7）配载时不允许超过车辆所允许的最大载重量，合理配载做到装载率最大化。

（8）配载时车厢内货物重量应分布均匀。

（9）防止车厢内货物之间碰撞、相互玷污。

（三）车辆配载的常用方法

配送车辆在配载过程中由于货物特征千变万化，车辆及客户要求也各有不同，因此装货人员常常根据以往积累的装货经验来进行配载。车辆的配载通过建立数学计算模型实现，通常的假设条件如下：

- 车辆容积和载重量的额定限制；
- 每一个客户都有确定的一个送货点；
- 每一份订单都包括货物的特定数量，每种货物的包装都可以测出长、宽、高；
- 每种包装的货物不超过公路运输包装件的尺寸界限；
- 货物的包装材料相同，且遵循配装的原则。

1. 经验配载法

经验配载法公式为

$$\sum_{i=0}^{n} v_i x_i \leqslant V_{车} \tag{4-11}$$

$$\sum_{i=0}^{n} w_i x_i \leqslant W_{车} \qquad (4-12)$$

式中：x_i——第i个客户；

v_i——第i个客户货品的总体积；

$V_{车}$——配载车辆的有效容积；

w_i——第i个客户货品的总重量；

$W_{车}$——配载车辆的额定载重量。

2．容重配载法

容重配载法公式为

$$xV_A + yV_B = 90\%V \qquad (4-13)$$

$$xR_AV_A + yR_BV_B = G \qquad (4-14)$$

式中：x——货品A的数量；

y——货品B的数量；

V_A——单位货品A的体积；

V_B——单位货品B的体积；

R_A——货品A的容重；

R_B——货品B的容重；

V——配载车辆的最大容积；

G——配载车辆的额定载重量。

（四）配送车辆调配管理

1．制订车辆送货作业计划

（1）送货作业计划的主要内容。首先对客户所在地的具体位置做系统统计，并做区域上的整体划分，再将每个客户归入不同的基本送货区域中，以作为配送决策的基本参考。选择配送距离短、配送时间短、配送成本低的线路，需要根据客户的具体位置、沿途的交通情况等做出优先选择和判断。最终形成的送货作业计划应该包括两部分：

1）一定时期内综合的送货作业计划表，如表4-9所示。

2）每一车次的单车作业计划表，如表4-10所示。

（2）送货作业计划的调整。由于送货作业过程情况复杂，在送货作业计划执行过程中，难免发生偏离计划要求的情况，而且涉及面较广。因此必须进行详尽分析与系统检查，才能分清缘由，采取有效措施消除干扰计划执行的不利因素，保证计划实施。影响送货作业计划调整的因素主要有：

1）送货路线、交货地址的改变。

2）装卸工作出现意外。

3）车辆、装卸工作时间提前。

4）车辆途中故障。

5）行车人员：缺勤、迟到、拖延、行车肇事等。

6）道路情况：阻断、施工、停渡等。

7）气候情况：雨雪、大雾、冰冻等。

表4-9 送货作业计划表

日期	起点	讫点	送货距离	送货次数	货物名称	车公里	吨公里
效率指标	标记吨位		日行程	实载率	运量		计划完成率
备注							

表4-10 单车作业计划表

发货单位						
车号及车型						
运行周期		发车时间		预计返回时间		
车辆运行动态	站点	到达时间	到达地点	离开时间	货物情况	收货人签字
	第一站					
	第二站					
	第三站					
	第四站					
	第五站					
备注						
驾驶员签名			调度员签名			

2．车辆调度工作的实施

（1）车辆调度工作的作用：

1）保证运输任务按期完成。

2）能及时了解运输任务的执行情况。

3）促进运输及相关工作的有序进行。

4）实现最小的运力投入。

（2）车辆调度工作的特点：

1）计划性。做好车辆的整体计划是车辆调度的工作重点。

2）预防性。预防车辆在运输过程中出现各种问题。

3）机动性。留有一定的车辆，提高车辆安排的灵活性。

（3）车辆调度工作的基本原则：

1）把握全局、统筹兼顾、保证重点，坚持计划性原则、合理性原则。

2）统一领导，分级管理，分工负责。

3）从全局出发，局部服从全局。

4）以均衡和超额完成生产任务为出发点。

5）投入最低资源，获得最大效益。

（五）调度实施的过程

1．送货前查验

（1）查验机动车驾驶证。

（2）查验机动车行驶证。

（3）查验道路运输证。

（4）查验运行车辆完好证明。

（5）查验驾驶、押运、装卸人员从业资格证。

（6）查验是否超限、超载。

2．送货作业控制

（1）监督和指导货物的配载装运过程。

（2）监控车辆按时出车。

（3）监控汽车按时到达装卸货地点。

（4）了解车辆完成计划的情况及不能完成计划的原因，并采取措施。

3．填写调度日志

调度日志如表4-11所示。

4．行驶作业记录管理

行驶作业记录管理主要有车辆行驶日报表（见表4-12）管理方式、行车作业记录卡管理方式和行车记录器的管理方式。

5．行车作业人员考核

对行车作业人员进行考核的数据，可以通过驾驶成绩报告书、送货人员出勤日报表来反馈。

6．送达与回访

签字确认，做好跟踪回访。

表4-11　调度日志

年　月　日　　　　　　　　　　　　　　　　　　　　　　　　　　制表：

发车时间	送货路线	车辆牌照	发车前例检	调度员确认	送货点到达情况	总发运车次累计

本日统计					
应发车次		实发车次			
正点发车率		正点到达率			
调度调整情况记录					
本日调度工作小结					
				调度员签章：	

表4-12　车辆行驶日报表

车　号				驾驶员姓名					
日　期	地　点	开车时间	终　点	到达时间	行驶时间	行驶里程	主管签章	备　注	
合计：		h　　min				km			

二、车辆调度方法

车辆调度的方法有多种，可根据客户所需货物、配送中心站点及交通线路的布局不同而选用不同的方法。运用合理的车辆调度方法，可以实现运行路线最短路、运费最低、行程利用率最高的优化目标。常见的车辆调度方法有图上作业法、经验调度法和定额比法。

（一）图上作业法

图上作业法是将配送业务量反映在交通图上，通过对交通图初始调运方案的调整，求出最优配送车辆运行调度方法。运用这种方法时，要求交通图上没有货物对流现象，以运行路线最短、运费最低或行程利用率最高为优化目标。其基本步骤如下：

1．绘制交通图

根据客户所需货物汇总情况、交通线路、配送点与客户点的布局，绘制出交通示意图。

例 设有 A_1、A_2、A_3 三个配送点分别有化肥 40t、30t、30t，需送往四个客户点 B_1、B_2、B_3、B_4，其需求量分别为 10t、20t、30t、40t，而且已知各配送点和客户点的距离（单位：km），可据此绘制出相应的交通图，如图 4-14 所示。

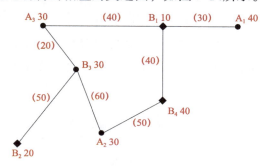

图 4-14　运距运量交通图

2. 将初始调运方案反映在交通图上

任何一张交通图上的线路分布形态无非是成圈与不成圈两类。对于不成圈的，如本例中 A_1 到 B_2 的运输，可按"就近调运"的原则很容易得出调运方案。其中（$A_1 \rightarrow B_4$ 70km）<（$A_3 \rightarrow B_4$ 80km），（$A_3 \rightarrow B_2$ 70km）<（$A_2 \rightarrow B_2$ 110km），先假定（$A_1 \rightarrow B_4$）、（$A_3 \rightarrow B_2$）运输。对于成圈的，可采用破圈法处理，如本例中 A_2、B_3、A_3、B_1 所组成的圈，即先假定某两点（A_2 与 B_4）不通，再对货物就近调运，即（$A_2 \rightarrow B_3$）、（$A_2 \rightarrow B_4$），数量不够的再从第二点调运，即可得出初始调运方案，如图 4-15 所示。在绘制初始方案交通图时，凡是按顺时针方向调运的货物调运线路（如 $A_3 \rightarrow B_1$、$B_1 \rightarrow B_4$、$A_2 \rightarrow B_3$），其调运箭头线都画在圈外，称为外圈；反之，其调运箭头线（如 A_3 至 B_3）画在圈内，称为内圈，或者两种箭头相反方向标注也可，如图 4-15 所示。

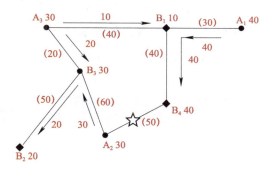

图 4-15　$A_2 \rightarrow B_4$ 破圈调运图

3. 检查与调整

面对交通图上的初始调运方案，首先分别计算线路的全圈长、内圈长和外圈长（圈长即指里程数），如果内圈长和外圈长都分别小于全圈长的一半，则该方案即为最优方案；否则，即为非最优方案，需要对其进行调整。如图 4-15 中，全圈长

($A_2 \rightarrow A_3 \rightarrow B_1 \rightarrow B_4 \rightarrow A_2$)为210km,外圈($A_3 \rightarrow B_1$ 40km、$B_1 \rightarrow B_4$ 40km、$A_2 \rightarrow B_3$ 60km)长为140km,大于全圈长的一半,显然,需要缩短外圈长度。调整的方法是在外圈(若内圈大于全圈长的一半,则在内圈)上先假定运量最小的线路两端点(A_3 与 B_1)之间不通,再对货物就近调运,可得到调整方案如图4-16所示。然后,再检查调整方案的内圈长与外圈长是否都分别小于全圈长的一半。如此反复至得出最优调运方案为止。图4-16中,计算可得内圈长为70km,外圈长为100km,均小于全圈长的一半,可见,该方案已为最优方案。

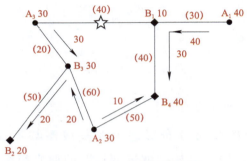

图4-16　$A_3 \rightarrow B_1$ 破圈调运图

(二)经验调度法

经验调度法是依据长期的配送车辆调度经验对配送运输车辆的调配做出决定。在有多种车辆时,车辆使用的经验原则为尽可能使用能满载运输的车辆进行运输。例如要运输5t的货物,则安排一辆5t载重量的车辆运输。在能够保证满载的情况下,优先使用大型车辆,且先载运大批量的货物。一般而言大型车辆能够保证较高的运输效率和较低的运输成本。

例 闽南建材配送中心某日需要运输水泥580t、盘条410t、平板玻璃100t。该中心有大型车20辆、中型车20辆、小型车30辆,各种车每日只运输一种物资。车辆运输定额如表4-13所示,下面用经验调度法来解析这个问题。

表4-13　车辆运输定额表　　　　　　　　　　[单位:t/(日·辆)]

车辆种类	运送水泥	运送盘条	运送玻璃
大型车	20	17	14
中型车	18	15	12
小型车	16	13	10

步骤1:根据经验调度法,车辆安排的顺序为大型车辆→中型车辆→小型车辆,货载安排的顺序为水泥→盘条→玻璃。通过下面的分析步骤将派车的情况填入表4-14中(为方便分析,将表4-14中的格子编上序号)。

步骤2:先考虑选大型车辆派送水泥,因此①里填20辆车全部派送水泥,则能配送

20辆×20t/（日·辆）=400t/日。

步骤3：剩余的水泥按照车辆安排的顺序应该由中型车辆来送。则为（580t/日-400t/日）÷18t/（日·辆）=10辆，因此②里填10辆。

步骤4：此时水泥全部送完，按照货载安排的顺序该送盘条了。现在剩余的中型车辆为10辆，可用来全部配送水泥，则③填10辆，配送量为10辆×15t/（日·辆）=150t/日。

步骤5：剩余的盘条按照车辆安排的顺序应该排小型车辆来配送，则（410t/日-150t/日）÷13t/（日·辆）=20辆，因此④填20辆即可。

步骤6：盘条全部配送完，只剩下玻璃用小型车辆配送，10辆×10t/（日·辆）=100t/日，则⑤填10辆即可。

结论：（1）先派大型车辆20辆车送400t水泥。

（2）再派中型车辆10辆送180t水泥和150t盘条。

（3）最后派小型车辆20辆送260t盘条和100t玻璃。

（4）整理出派车方案（见表4-14），共完成货运量1 090t。

表4-14　经验调度派车方案

车辆种类	运送水泥	运送盘条	运送玻璃	车辆总数
大型车（辆）	① 20			20
中型车（辆）	② 10	③ 10		20
小型车（辆）		④ 20	⑤ 10	30
货运量（t）	580	410	100	

（三）定额比法

定额比法是运用理论方法做出配送车辆调配决定的，即对各种大宗货物分别根据各生产单位的材料消耗定额及其计划产量来推算它们的计划运量。继续用经验调度法里的案例来分析，解析步骤如下：

步骤1：根据表4-13中的车辆运输能力，利用定额比法的原理计算每种车辆运输不同货物的定额比（见表4-15），将定额比值小于1的情况忽略不计，则得出运输车辆定额比值（见表4-16）。

步骤2：根据表4-16中数值分析得出小型车辆的定额比值普遍高，其中1.60（运水泥/运玻璃）是最高值，因此优先选派小型车辆运输水泥，接着分析表4-16中长方形红框里面的数字1.25最大，则选中型车辆运输盘条，最后剩余的货物全部由大型车辆运送。即派车顺序为小型车辆运输水泥→中型车辆运输盘条→大型车辆运送剩余货物。

步骤3：为方便分析，将表4-17中的格子编上序号。利用步骤2中的结论优先选派小型车辆运输水泥，则将小型车辆30辆全部派出运输水泥，因此①里填30辆。此时水泥还剩580t/日-30辆×16t/（日·辆）=100t/日。

步骤4：根据步骤2中的结论，剩余的货物全部由大型车辆运送，即剩余的水泥由大型车辆运输，则需大型车100t/日÷20t/（日·辆）=5辆，因此②里填5辆。此时水泥全部送完。

步骤5：根据步骤2中的结论，由中型车辆运输盘条，即先将中型车辆20辆全部去送盘条，因此③里填20辆。此时盘条还剩410t/日-20辆×15t/（日·辆）=110t/日。

步骤6：根据步骤2中的结论，剩余的货物全部由大型车辆运送，即剩余的盘条由大型车辆运输，则需大型车110t/日÷17t/（日·辆）≈7辆，因此④里填7辆。此时盘条全部送完。

步骤7：最后剩余玻璃由大型车辆运输，则需大型车100t/日÷14t/（日·辆）≈8辆，因此⑤里填8辆。

结论：（1）先派小型车辆30辆车送480t水泥。

（2）再派中型车辆20辆送300t盘条。

（3）最后派大型车辆送5辆100t水泥、7辆110t盘条和8辆100t玻璃。

（4）整理出派车方案（见表4-17），共完成货运量1 090t。

表4-15 运输车辆定额比过程

车辆种类	水泥/盘条	水泥/玻璃	盘条/水泥	盘条/玻璃	玻璃/水泥	玻璃/盘条
大型车	20/17	20/14	17/20	17/14	14/20	14/17
中型车	18/15	18/12	15/18	15/12	12/18	12/15
小型车	16/13	16/10	13/16	13/10	10/16	10/13

表4-16 运输车辆定额比值

车辆种类	运水泥/运盘条	运盘条/运玻璃	运水泥/运玻璃
大型车	1.18	1.21	1.44
中型车	1.20	1.25	1.50
小型车	1.23	1.30	1.60

表4-17 运输车辆定额比派车方案

车辆种类	运送水泥	运送盘条	运送玻璃	车辆总数
大型车（辆）	② 5	④ 7	⑤ 8	20
中型车（辆）		③ 20		20
小型车（辆）	① 30			30
货运量（t）	580	410	100	

项目四 | 仓配布局与配送优化

任务实施

情景一 操作过程

步骤1：根据经验派车法确定车辆安排的顺序及货载安排顺序

_____
_____
_____
_____
_____

车辆种类				
大型车（辆）				
中型车（辆）				
小型车（辆）				
货运量（t）				

步骤2：经验派车法派车结论

_____
_____
_____
_____
_____

步骤3：计算每种车运输定额比（只填写有效数据）

车辆种类				
大型车				
中型车				
小型车				

步骤4：根据定额比法确定车辆安排的顺序及货载安排顺序

_____
_____
_____
_____
_____

智能仓储与配送

步骤5：完成运输车辆定额比派车

车 辆 种 类				
大型车（辆）				
中型车（辆）				
小型车（辆）				
货运量（t）				

步骤6：定额比法派车方案

_____

_____

_____

_____

_____

效果评价

序 号	评价内容	满 分	得分结果
1	理解装车配载的目标	10	
2	熟悉配送车辆配载的原则	10	
3	能合理解决情景一的问题	20	
4	熟悉车辆配载的常用方法	10	
5	能够掌握配送车辆调配管理内容	10	
6	能合理解决情景二的问题	20	
7	能够掌握车辆调度实施的过程	20	
8	合　　计	100	

任务五　配送模式选择

📖 任务目标

📖 知识目标
- ∞ 理解配送模式选择时要考虑的影响因素。
- ∞ 掌握配送模式的选择方法。

📖 技能目标
- ∞ 能够分析数据并判断配送模式。
- ∞ 能够确定企业配送模式的选择方法。

📖 素质目标
- ∞ 培养服务意识。
- ∞ 培养服务创新能力。

职业素养：强化服务意识

职业素养　强化服务意识

当今社会，物流企业之间的竞争已经达到了白热化的程度，服务水平已经成为一种核心竞争力和生存命脉。各企业都在为提升自己的服务水平而努力。只有不断增强服务意识、创新服务举措，不断提升服务水平，才能更好地树立并打造物流企业的品牌形象，使其在激烈的市场竞争中立于不败之地。对物流企业来说，选择不同的配送模式所能达到的服务水平大不相同。配送服务水平高低与配送服务效果是配送模式选择中要解决的关键问题。我们应该在学习过程中不断强化自己的服务意识。

🏷 任务情景

情景一：

永乐物资供应中心在选择配送模式时主要考虑四个方面的目标，如表4–18所示。请根据表中资料计算各模式的综合价值系数，为该企业判断出合适的配送方式。

表4–18　永乐物资供应中心选择配送模式时主要考虑的目标

因　　素		成本费用（万元）	销售额预计数（万元）	利润总额（万元）	客户满意度（%）
权重		0.1	0.3	0.4	0.2
配送模式	自营配送模式	10	220	25	98
	互用配送模式	8	180	17	97
	第三方配送模式	5	140	15	99

情景二：

永乐物资供应中心计划通过提高配送效率，满足客户对配送的要求，来扩大经营规模。现可供选择的配送模式有自营、互用、第三方三种，由于企业对未来几年内用户要求配送的程度无法做出准确的预测，只能大体估计为三种情况，且估算出在这三种自然状态下三种配送模式在未来几年内的成本费用如表4-19所示，但不知道这三种情况的发生概率。请问企业该如何决策？

表4-19　永乐物资供应中心在三种自然状态下三种模式的成本费用　　（单位：万元）

自然状态	配送模式		
	自营配送模式	互用配送模式	第三方配送模式
配送要求程度高	90	70	65
配送要求程度一般	50	35	45
配送要求程度低	10	13	30

情景三：

永乐物资供应中心计划通过加强配送效率，提高客户满意度来扩大产品的销售量。现有三种配送模式可供企业选择，各种资料如表4-20所示。请问企业应选择哪种配送模式？

表4-20　永乐物资供应中心资料表

市场需求规模	概率	销售量		
		自营配送模式（万元）	互用配送模式（万元）	第三方配送模式（万元）
大	0.5	1 000	1 200	1 500
一般	0.3	800	700	1 000
小	0.2	500	400	300

情景四：

某儿童玩具生产制造企业在选择配送模式时主要考虑四个方面的因素，如表4-21所示。请根据表中资料计算各模式的综合价值系数，并判断出合适的配送方式。

表4-21　某儿童玩具生产制造企业选择配送模式时主要考虑的因素

因素		成本费用（万元）	销售额预计数（万元）	利润总额（万元）	客户满意度（%）
权重		0.2	0.2	0.5	0.1
配送模式	自营配送模式	11	200	20	98
	互用配送模式	9	160	15	97
	第三方配送模式	6	130	17	99

知识链接

配送模式是企业对配送所采用的基本战略和方法。它是指构成配送运动的诸要素的组合形态及其运动的标准形式，是适应经济发展需要并根据配送对象的性质、特点及工艺流程而相对固定的配送规律。

一、不同物资的配送模式

（一）生产资料产品配送模式

生产资料是劳动手段和劳动对象的总称。一般来说，生产资料的消费量都比较大，从而运输量也比较大。从物流的角度看，有些生产资料是以散装或裸露方式流转的（如煤炭、水泥、木材等产品），有些则是以捆装和集装方式流转的（如金属材料、机电产品等）；有些产品是经过初加工以后才供应给消费者使用（如木方、配煤、型煤等），也有些产品直接进入消费领域，中间不经过初加工过程。由于产品的性质和消费情况各异，其配送模式也迥然不同。

1. 金属产品的配送模式

金属材料配送存在着一种特殊情况：若配送品种单一且数量较多的货物，流程中没有也不需要安排分拣、配装等作业（或工序）。通常，配送车辆可以直接开到储货场进行装货、送货。由于金属材料的需求相对稳定，因此，在实践中适宜采用计划配送的形式供货；同时，因金属材料的需求量大，并且带有连续性，所以也适宜采用集团配送和定时、定量配送的形式向用户供货。

2. 化工产品的配送模式

这是特殊产品（指生产资料产品）配送的典型模式。化工产品的种类繁多，有些产品无毒无害，有些产品则有毒有害。这里所指的化工产品是指单位时间内消耗大、有毒、有腐蚀性和有一定危险的化工产品，其中包括硫酸、盐酸、磷酸、烧碱、纯碱、树脂等。上述化工产品的共同特点是活性强，不同种类的产品不能混装、混存，其装载运输和储存须使用特制的容器、设备和设施。

综上所述，很多用于工业生产的化工产品系有毒、有害物，因此，配送这类物资须配备专用的设施和设备（储存和运输设备）。此外，化工产品的配送只适宜由专业生产企业（化工企业）和专业流通企业（化轻公司）来组织。因用户不宜过多储存有毒、有害、有危险的物资，故采用定点、定量配送方式供货和计划配送方式供货是化工产品配送的主要运作形式。

（二）生活资料产品配送模式

生活资料是用来满足人们生活需要的劳动产品，包括供人类吃、穿、用的各种食品、饮料、衣物、用具和各种杂品。生活资料的品种、规格较之生产资料更为复杂，其需求变化也比生产资料要快，因此，生活资料的配送不但必须安排分拣、配货和配装等工艺（或工序），而且其作业难度也比较大。此外，就生活资料中的食品而言，有保鲜、保质期和卫生等质量要求，根据这一特点，一部分生活资料的配送流程中也包含加工工序。

1. 日用小杂品配送模式

日用小杂品主要是如下几类产品：小百货（包括服装、鞋帽、日用品等），小机电产品（如家用电器、仪器仪表和电工产品、轴承及小五金等），图书和其他印刷品，无毒无害的化工产品和其他杂品。这类产品的共同特点：有确定的包装，可以集装、混装和混载，产品的尺寸不大，可以成批存放在没有单元货格的现代化仓库中。日用小杂品的配送常常要根据用户的临时需要来安排和组织，因而其配送量、配送路线和配送时间等很难固定下来。在现实生活中，往往都是采用"即时配送"形式和"多品种、少批量、多批次"配送的方法来向用户供货和发送货物。

2. 食品配送模式

食品的种类很多，其形状各异，又都有保质、保鲜期。鲜菜、鲜果、鲜肉和水产品等保质期短的货物配送经常选用包含有加工工序的食品配送模式。其中，加工工序的作业内容主要包括分装货物（将大包装改成小包装）、货物分级、去杂质（如蔬菜去根、鱼类去头和内脏）、配制半成品等。食品配送特别要强调速度和保质。据此，在物流实践中，一般都采用定时配送、即时配送等形式向用户供货。其实随着现代技术的快速发展，还演变出一些新型的配送模式，如超市配送、电子商务配送、跨国配送、邮政配送、冷链配送等。

二、电子商务环境下的配送模式

（一）电子商务企业自营物流配送模式

电子商务企业自营配送模式是指电子商务企业根据自身的规模、商品的配送量、企业的经营策略以及业务网点布局等多种条件与因素，在合适的地点自己建造一个或多个配送中心，依靠自己构建的网络体系开展本企业物流配送业务。其核心是建立集物流、商流、信息流于一体的现代化新型物流中心。

1. 电子商务企业自营物流配送模式优势分析

（1）掌握控制权。有利于企业供应、生产和销售一体化作业，有效协调物流活动的各环节，获得供应商、销售商以及最终客户的第一手信息，以便调整经营战略。

（2）有利于企业供应链的协调和稳定。自营物流使企业对供应链有更多的监控与管理能力，且可以避免企业机密的流失。

（3）提高企业品牌价值。物流配送是电子商务企业与客户进行面对面交流的一个机会，可以掌握最新的客户信息和市场信息。

2. 电子商务企业自营物流配送模式劣势分析

（1）增加了企业的投资负担，抵御市场风险能力弱。这可能会使企业长期处于不盈利的境地。

（2）物流管理难于控制。企业自营配送有时就等于迫使企业从事不擅长的业务活动，反而使得企业的关键性业务优势没有发挥出来。

（3）物流配送规模有限、专业化程度较低。对于规模不大的企业采用自营物流配送，无法形成规模效应，导致物流成本过高。

（二）电子商务第三方物流配送模式

电子商务第三方物流配送模式是指交易双方把自己需要完成的配送业务委托给第三方来完成的一种配送运作模式。

1. 电子商务第三方物流配送模式优势分析

（1）提高企业的核心竞争力。外包物流服务可以使企业集中力量于自己的核心能力，扬长避短。

（2）降低企业经营成本。第三方物流能够通过采用现代化的物流技术和信息技术，有机地整合企业的各个部门和物流业务的各个环节，从而降低企业的经营成本。

（3）提高客户服务水平。第三方物流公司快速、高质量的服务，必然会为企业塑造良好的形象，提高企业的信誉，从而增加消费者的满意程度，达到留住客户的目的。

2. 电子商务第三方物流配送模式劣势分析

（1）对操作过程和时间管理的控制达不到电子商务企业的要求。电子商务第三方物流企业的信息技术应用相对落后于电子商务企业，两者信息流通不畅使得电子商务企业对物流活动难以控制。

（2）外包物流成本没有统一的标准。实践中难以界定物流费用的合理利润及成本对比，双方企业对合理利润率的确定也难以达成共识。

3. 电子商务第三方物流配送模式适用的场合

电子商务第三方物流配送模式是电子商务企业选择物流配送模式的主要发展趋势。它主要适用于自身物流业务处理能力较低，但是物流对企业经营却起到至关重要作用的企业。比如经营规模小、物流定向密度低的流通企业；企业的经营受市场影响和冲击较大，经营环境不够稳定的生产型企业；资金、技术实力较差的中小企业等。

（三）电子商务企业共同物流配送模式

电子商务企业共同物流配送模式是指企业之间为了提高配送效率以及实现配送合理化而建立的一种功能互补的配送联合体。进行共同配送的核心在于充实和强化配送的功能，它的优势是有利于实现配送资源的有效配置，弥补配送企业功能的不足，促使企业配送能力的提高和配送规模的扩大，能够更好地满足客户需求，提高配送效率，降低配送成本。具体来说，共同配送有横向共同配送和纵向共同配送两种类型。

1. 横向共同配送

横向共同配送是在开展共同配送前，企业间就包装货运规格完全实现统一，然后建立物流中心或配送中心，共同购买运载车辆，企业间的货物运输统一经由共同的配送中心来开展。其基本形式如图4-17所示。

2. 纵向共同配送

纵向共同配送是从供应链的角度考虑，企业与其上下游企业之间开展的共同配送模式，核心是上下游企业间实力较强的一方拥有配送中心或配送网络，部分或全部完成与另一方企业之间的货物配送任务，是物流配送过程集中化、共同化。其基本形式如图4-18所示。

图4-17　横向共同配送的基本形式

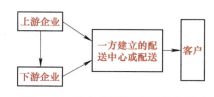

图4-18　纵向共同配送的基本形式

共同配送模式优势在于可以提高物流作业效率，降低企业营运成本，集中精力经营核心业务，可实现社会资源的共享和有效利用。但是共同配送也存在一定的问题：各商品的特点和配送要求不同，使得共同配送存在一定的难度；企业间的规模、经营意识、客户圈等存在差异，很难协调一致；在配送组织、费用分摊方面存在难度，有泄露商业机密的可能。它主要适用于运输企业和家电连锁店的联合，以及物流企业与中小型连锁公司的合作。

（四）电子商务企业互用物流配送模式

电子商务企业互用物流配送模式是几个企业为了各自的利益，以契约的方式达到某种协议，互用对方配送系统进行配送。其具体做法是：在企业各自分散拥有运输工具和物流中心的情况下，根据运输货物时的运量多少，来决定采取委托或受托的形式开展互用配送。即将本企业配送数量较少的商品委托给其他企业来运输，而本企业配送数量较多的商品，则在接受其他企业委托运输的基础上实行统一配送，这样企业间相互实现了配送效率优化。互用配送模式的基本形式如图4-19所示。

此配送模式的优点在于企业不需要投入较大的资金和人力就可以扩大自身的配送规模和范围，但需要企业有较高的管理水平以及与相关企业的组织协调能力。互用配送模式比较适用于电子商务的B2B交易方式。

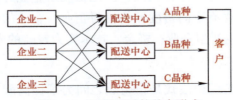

图4-19　互用配送的基本形式

（五）电子商务企业基于合作的物流配送体系

电子商务企业基于合作的物流配送体系是指纯电子商务企业与连锁企业的结合，这种结合是一种战略联盟的关系。当客户通过纯电子商务网站完成在线采购后，电子商务中心可以通知距离该客户最近的那家连锁店，连锁店确认信息后，再组织对货物进行配送。

这种合作方式使所有成员之间可以形成优势互补。第一，网站可以通过大规模集中捆绑采购将商品价格压到最低，降低采购成本，而连锁加盟企业的规范经营可以弥补网站在网络零售管理上的经验不足。第二，连锁企业通过与网站的合作可以降低连锁加盟店的开店成本，而且还可以增加销售额。同时电子商务还可以使连锁经营企业提高管理水平，突破经营地域的限制和服务范围，实现速度营销。

但是这种物流配送模式也要求企业必须要明确合作目标和各自的责任分配，以及较高的协调管理能力，只有这样才能使合作取得成功。

三、配送模式的影响因素与选择方法

（一）选择配送模式时要考虑的影响因素

一个企业要想在市场上获得可持续竞争优势，那么就必须要有成本优势或者是价值优势，最理想的是两者都有。影响配送模式选择的关键因素是配送成本、配送服务，除此之外还有商品特点等其他因素。

1. 配送成本

任何一个企业都希望自身经营活动的各项成本最小、利润最大，所以配送成本是在选择配送模式时必须要考虑的核心要素。一般认为物流配送成本包括以下几个方面：

（1）配送作业成本。它主要是指某种物流配送模式下的配送作业导致的直接成本，包括库存成本、订单处理成本、装卸搬运成本、包装加工成本、运输成本等。对于自营配送模式以外的其他配送模式来说，其配送作业成本可以看成是每配送单元的配送价格。而对于自营配送模式来说，其配送作业总成本=库存成本+运输成本+装卸搬运成本+包装加工成本+分拣成本，其配送作业成本=配送作业总成本/配送单元数。其中，库存成本=库存持有成本+库存管理人员工资；运输成本=运输设备折旧成本+运输人员工资；装卸搬运成本=装卸搬运设备折旧成本+运输人员工资；包装加工成本=包装加工设备折旧成本+包装加工人员工资；分拣成本=分拣设备折旧成本+分拣人员工资。

（2）投资成本。它主要是指某种配送模式下企业需要付出的投资成本，包括投资资金和投资的设备设施等资源。对于自营配送模式来说，其投资成本就是用来建设配送中心的资金和用于购买各种设备的资金，投资成本=自建配送中心的资金+配送中心的各种运输、装卸、分拣、加工等设备成本；对于共同配送或者互用配送来说，其投资成本主要是企业用于配送的各种设施设备的成本；对于选择供应商直接配送、第三方物流配送或者第三方物流企业联盟配送来说，则基本不存在投资成本。

（3）选择成本。它主要是指为确保选到最适合自身的物流服务提供商所花费的人力、物力成本等。对于自营配送模式和供应商直接配送来说，由于没有花费人力、物力去选择适合自身的物流服务提供商，所以基本不存在选择成本。对于共同配送、第三方物流配送、第三方物流企业联盟配送等配送模式来说，都涉及选择物流服务提供商，这就需要花费一定的人力、物力来进行评判选择，也就构成了选择成本。

（4）服务成本。它主要是指某种配送模式下为连锁超市门店服务的成本，主要指订单处理成本和信息管理成本。

需要注意的是，这些成本之间有的存在着"二律背反"现象：比如说降低库存可以减少库存成本，但会带来运输距离和次数的增加而导致运输成本增加。所以，在选择配送模式时，不能仅仅以某一项成本最小为目标，而要对配送的总成本进行分析论证。对于任何一个配送模式来说，它所对应的配送成本，都可以用"配送成本=配送作业成本+投资成本+选择成本+服务成本"这个公式计算出来，最后要达到计算出来的配送总成本最小的目标。

2．配送服务

现在的企业改变了以前对企业高额利润过分追求的做法，加强了对消费者满意度的重视，即努力做到以适合的质量、适合的数量、适合的时间、适合的地点、适合的价格、适合的商品来满足消费者的需求。这就要求在选择配送模式时，该配送模式所能提供服务的能力和服务质量也是至关重要的。

3．商品特点

（1）商品运输时间。某些商品所要求的运输时间非常严格（比如保质期短的商品），不允许有中间环节存在，要求供应链尽可能短，这时就可能考虑通过供应商直接配送模式。这个指标可以通过运输时间的要求程度来加以评判。

（2）商品特殊配送要求。对于特殊商品，用普通的配送工具很难保证商品到达企业的质量，这些商品对配送有着特殊的需求，这不是每一个物流服务提供商所具备的，所以在选择配送模式时要更加注意。这个指标可以通过特殊配送需求的提供能力来加以评判。

4．地区经济

地区经济发展前景越看好，连锁企业规模也有望扩大，恰当的配送模式能够维持企业经营目标期限内利益的最优化，因此决策者会倾向能够支撑未来连锁企业发展目标的物流配送模式。

5．政府政策

物流系统建设是一项长期且艰巨的任务，尤其是自建配送中心，需要投入大量的资金。如果政府在一定时期（特别是发展初期）给予某种配送模式（比如自营配送）一定的政策扶持，如制定相应的法规、贷款、税收上的优惠等，那么对于有基本条件的连锁企业来说，就会倾向于选择政府政策扶持的配送模式。这个指标可以通过政府政策扶持的力度来加以评判。

6．物流服务市场

目前我国物流服务市场还不规范、完善，国内物流服务相应的法律法规还不完善，对于选择自营配送模式以外的其他模式，企业所能控制配送流程的范围较小。这个指标可以通过协调控制能力的大小来加以评判。

（二）配送模式的选择方法

企业选择何种配送模式主要取决于以下几方面的因素：配送对企业的重要性、企业的配送能力、市场规模与地理范围、保证的服务及配送成本等。一般来说，配送模式的选择方法主要有矩阵图决策法和比较选择法。

1．矩阵图决策法

矩阵图决策法主要是通过两个不同因素的组合，利用矩阵图来选择配送模式的决策方法。其基本思路是选择决策因素，然后通过其组合形成不同区域或象限再进行决策。这里我们主要围绕配送对企业的重要性和企业配送的能力来进行分析，如图4-20所示。

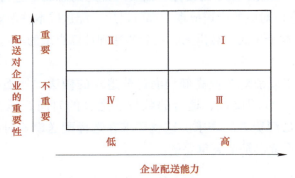

图4-20　矩阵图决策法

在实际经营过程中，企业根据自身的配送能力和配送对企业的重要性组成了上述区域。一般来说，企业可按下列思路来进行选择和决策：

（1）状态Ⅰ。配送对企业的重要性程度较大，企业也有较强的配送能力，在配送成本较低、地理区域较小但市场相对集中的情况下，企业可采取自营配送模式，以提高客户的满意度和配送效率，与营销保持一致。

（2）状态Ⅱ。虽然配送对企业的重要程度较大，但企业的配送能力较低，此时，企业可采取的策略是寻求配送伙伴来弥补自身在配送能力上的不足。可供选择的模式有三种：①加大投入，完善配送系统，提高配送能力，采用自营配送模式；②进行一些投入，强化配送能力，采用共同配送模式；③采取第三方配送模式，将配送业务完全委托专业的配送企业来进行。一般说来，在市场规模较大且相对集中，以及投资量较小的情况下，企业可采取自营配送模式；若情况相反，则可采取第三方配送模式。

（3）状态Ⅲ。配送在企业战略中不占据主要地位，但企业却有较强的配送能力，此时，企业可向外拓展配送业务，以提高资金和设备的利用能力，既可以采取共同配送模式，也可以采用互用配送模式。若企业在该方面具有较强的竞争优势时，也可适当地调整业务方向，向社会化的方向发展，成为专业的配送企业。

（4）状态Ⅳ。企业的配送能力较低，且不存在较大的配送需求，此时，企业宜采取第三方配送模式，将企业的配送业务完全或部分委托给专业的配送企业去完成，而将主要精力放在企业最为擅长的生产经营方面，精益求精，获取更大的收益。

2．比较选择法

比较选择法是企业通过对配送活动的成本和收益等进行比较而选择配送模式的一种决策方法，一般有确定型决策、非确定型决策和风险型决策等。

（1）确定型决策。确定型决策是指一个配送模式只有一种确定的结果，只要比较各个方案的结果，即可做出选择何种配送模式的决策。例如，某一企业为扩大生产销售，现有三种配送模式可供选择，各配送模式所需的成本费用与可能实现的销售额如表4-22所示。

表4-22　各配送模式所需的成本费用与可能实现的销售额

配　送　模　式	成本费用（万元）	销售额预计数（万元）
自营配送模式	C_1	F_1
互用配送模式	C_2	F_2
第三方配送模式	C_3	F_3

这类问题一般为单目标决策，此时企业可以运用价值分析来进行选择，即直接利用公式$V=F/C$来计算各种配送模式的价值系数。式中，V为价值系数，F为功能（此例为销售额预计数），C为成本费用。根据计算结果，某一种配送模式的价值系数最大，则说明该种模式的配送价值最大，是企业最佳的配送模式或满意模式。解析过程如下：

步骤1：直接利用公式$V=F/C$来计算各种配送模式的价值系数。自营、互用、第三方配送模式的价值系数分别为F_1/C_1、F_2/C_2、F_3/C_3。

步骤2：比较各种配送模式的价值系数值，值最大的即为企业应采取的最佳配送模式。

在实际经营过程中，企业对配送模式的选择往往需要考虑许多方面的因素，即需要进行多目标决策。此时，评价配送模式的标准是各模式的综合价值，一般可用综合价值系数来进行。某一模式的综合价值系数最大，则说明该模式的综合价值最大，这种模式就是企业所要选择的最佳配送模式。综合价值系数可用公式$v=\sum M_i P_i$计算。式中，v为综合价值系数，M_i为分数，P_i为权数。例如，某企业在选择配送模式时主要考虑四个方面的目标，如表5-11所示。假设表4-23中的参数值$C_1>C_2>C_3$，$D_1>D_2>D_3$，$D_4>D_5>D_6$，$D_9>D_7>D_8$，此情况下选择最佳配送模式的解析步骤如下：

表4-23　各配送模式主要考虑因素

因素		成本费用（万元）	销售额预计数（万元）	利润总额（万元）	客户满意度（%）
权重		P_1	P_2	P_3	P_4
配送模式	自营配送模式	C_1	D_1	D_4	D_7
	互用配送模式	C_2	D_2	D_5	D_8
	第三方配送模式	C_3	D_3	D_6	D_9

步骤1：根据配送模式各考虑因素的最优属性来确定其最优基数，即成本费用最小值为最优基数，销售额预计数、利润总额和客户满意度都是最大值为最优基数。因此，根据参数比较条件$C_1>C_2>C_3$，成本费用取C_3为最优基数。以此类推，销售额预计数的最优基数为D_1，利润总额的最优基数为D_5，客户满意度的最优基数为D_{10}。

步骤2：确定M_i的分数。注意最优基数的使用，当最优基数由最小值确定时，其在计算中做除数；当最优基数由最大值确定时，其在计算中做被除数。因此得出：

$M_{自营（成本）}=C_3/C_1$，$M_{互用（成本）}=C_3/C_2$，$M_{第三方（成本）}=C_3/C_3$

$M_{自营（销售额）}=D_1/D_1$，$M_{互用（销售额）}=D_2/D_1$，$M_{第三方（销售额）}=D_3/D_1$

$M_{自营（利润）}=D_4/D_4$，$M_{互用（利润）}=D_5/D_4$，$M_{第三方（利润）}=D_6/D_4$

$M_{自营（客户满意度）}=D_7/D_9$，$M_{互用（客户满意度）}=D_8/D_9$，$M_{第三方（客户满意度）}=D_9/D_9$

步骤3：利用公式$v=\sum M_i P_i$计算综合价值系数。

$$v_{自营} = M_{自营（成本）} P_{自营（成本）} + M_{自营（销售额）} P_{自营（销售额）} + M_{自营（利润）} P_{自营（利润）} + M_{自营（客户满意度）} P_{自营（客户满意度）}$$
$$= C_3/C_1 \times P_1 + D_1/D_1 \times P_2 + D_4/D_4 \times P_3 + D_7/D_9 \times P_4$$

$$v_{互用} = M_{互用（成本）} P_{互用（成本）} + M_{互用（销售额）} P_{互用（销售额）} + M_{互用（利润）} P_{互用（利润）} + M_{互用（客户满意度）} P_{互用（客户满意度）}$$
$$= C_3/C_2 \times P_1 + D_2/D_1 \times P_2 + D_5/D_4 \times P_3 + D_8/D_9 \times P_4$$

$$v_{第三方} = M_{第三方（成本）} P_{第三方（成本）} + M_{第三方（销售额）} P_{第三方（销售额）} + M_{第三方（利润）} P_{第三方（利润）} + M_{第三方（客户满意度）} P_{第三方（客户满意度）}$$
$$= C_3/C_3 \times P_1 + D_3/D_1 \times P_2 + D_6/D_4 \times P_3 + D_9/D_9 \times P_4$$

步骤4：比较综合价值系数$v_{自营}$、$v_{互用}$、$v_{第三方}$的数值，取值最大的为企业应采取最佳配送模式。

（2）非确定型决策。非确定型决策是指一个配送模式可能出现几种结果，而又无法知道其概率时所进行的决策。其条件是决策者期望的目标明确，存在着不以决策者意志为转移的两种以上状态，具有两个或两个以上可供选择的配送模式，不同模式在不同状态下相应的损益值可以获得。非确定型决策作为一种决策方法，虽带有较大的主观随意性，但也有一些公认的决策准则可供企业在选择模式时参考。

（3）风险型决策。风险型决策是指在目标明确的情况下，依据预测得到不同自然状态下的结果及出现的概率所进行的决策。由于自然状态并非决策所能控制，决策的结果在客观上具有一定的风险，故称为风险型决策。风险型决策通常采用期望值准则，一般是先根据预测的结果及出现的概率计算期望值，然后根据指标的性质及计算的期望值结果进行决策。产出类性质的指标，一般选择期望值大的方案；投入类性质的指标，一般选择期望值小的方案。

任务实施

情景一 操作过程

步骤1:计算各模式的综合价值系数

步骤2:判断出合适的配送方式

情景二 操作过程

步骤1:计算各模式的综合价值系数

步骤2:判断出合适的配送方式

情景三 操作过程

步骤1:计算各模式的综合价值系数

步骤2：判断出合适的配送方式

_____
_____
_____
_____

情景四　操作过程

步骤1：计算三种配送模式的综合价值指数

_____
_____
_____
_____

步骤2：判断出合适的配送方式

_____
_____
_____
_____

效果评价

序号	评价内容	满分	得分结果
1	理解配送模式选择时要考虑的影响因素	10	
2	掌握配送模式的选择方法	10	
3	能合理解决情景一的问题	20	
4	能够通过企业数据分析判断出企业现有配送模式	10	
5	能合理解决情景二的问题	20	
6	能够根据数据分析结果确定企业最佳配送模式	10	
7	能合理解决情景三、四的问题	20	
8	合　　计	100	

项目五
Project 5
智能仓配规划

知识部分
- ✦ 智能仓的含义
- ✦ 智能仓作业场景的种类
- ✦ 智能仓AGV机器人的配置条件

实施部分
- ✦ 准确匹配智能仓的应用场景
- ✦ 智能仓AGV机器人配备算法

任务一　智能仓作业场景分析

任务目标

知识目标

- 了解AGV智能仓常见的应用场景种类。
- 理解AGV智能仓三种作业场景作业流程。
- 掌握AGV智能仓三种作业场景的适用条件。

技能目标

- 能够根据不同的行业特点,准确分析企业所面临的痛点。
- 能够针对企业背景,准确匹配智能仓的应用场景。

素质目标

- 培养科教兴国的意识。
- 培养民族自豪感。

职业素养　科教兴国　民族自豪

实施科教兴国战略,强化现代化建设人才支撑,科技是第一生产力,人才是第一资源。作为物流学子,要能够在物流行业智能化的转变认知过程中,深切体会其信息化与智能化强大作用的同时,还要根据不同的行业特点,准确分析企业所面临的痛点,找到智能仓适合的作业场景加以应用。在分析和寻找的过程中我们能够感受到科教兴国的力量,增强民族自豪感。

任务情景

情景一:

优品北京仓主要为天猫平台的商家提供商品的存储保管等服务,具有较大面积的仓库,其存储商品涉及服装、食品、电子、生活用品等多种类型的商品,且存储商品的周转天数普遍较短;电商行业受各种大促活动的影响,经常会出现短期内订单量暴增的现象;另外,因库存商品管理方面的疏忽,"货不对位"的现象屡见不鲜,在订单拣选准确性、效率方面也存在一些问题,无法很好地满足客户的需求。因此需要通过相关仓储技术、设备的引用来更好地满足客户需求。

情景二：

小凤医药是一家医药行业的综合服务平台，经营范围包括除冷藏、冷冻以外的化学制剂、中药饮片、生化药品等，受药品批号及生产日期等条件的限制，没有对药品进行大量的存储。现小凤医药将目标消费人群由原来的线下终端门店顾客拓展到线上消费者，线上订单不同于线下门店：订单总数量多、订单包含药品种类少且各种订单所需药品之间的重合度较低，即药品种类多。小凤医药现有仓库的作业模式是对订单进行波次拣选，但增加线上模块后，其作业效率一直不高且需要大量的人力资源，希望通过引入智能化设备来改善这种困局，实现仓库的升级改造。

情景三：

公牛插座是一家集生产、存储为一体的企业，随业务量的持续上涨，企业近期增加了几条生产线，但产量并没有因生产线的增加而有显著的提高。其问题主要集中在生产线所需的原材料供应方面，上游原材料对下游生产线的响应速度减弱、原材料短缺问题发现不及时、发料单位不一致等问题频出，且生产计划多变，导致搬运作业在上游原材料与下游生产线之间频繁出现，加大员工工作量的同时也降低了生产效率。基于此，公司希望通过引入相关的技术设备改善下游原材料的管理工作并减少员工的工作量。

任务要求：结合所学知识与企业案例背景，观察表5-1中各企业参数，分析以上三种仓库实现升级分别适用哪种智慧仓场景类型。

表5-1 各企业当前参数

企 业 名 称	当前具备参数
优品北京仓	仓库面积（m²）：20 000+ 存储商品种类（种）：12 000左右 产品类型：服装、生活用品、食品等 出库类型：拆零出库 业务类型：线上订单 订单特点：多批次小批量
小凤医药	仓库面积（m²）：2 000+ 存储药品种类（种）：7 000+ 周转速度：适中 出库类型：拆零出库 业务类型：线上订单+线下门店 订单特点：多品种小批量
公牛插座	仓库面积（m²）：500+ 存储货品类型：生产线原材料 出库类型：生产线供给，按需出库 出库特点：出库需求计划多变

> **知识链接**

当代物流行业中传统仓向智能仓的转变是一个必然的趋势，仓储行业有效利用互联网和信息科技的结合技术，实现了大幅度降低仓储成本，达到了提高仓储效率、优化仓储管理的目的。虽然智能仓的使用越来越广泛，但盲目扩大规模、改变仓储模式都会使智能仓的效果适得其反。因此要在实施前准确分析并匹配合适的智能仓作业场景，才能使企业作业效率更高、准确率更高、成本更低。智能仓主要通过自动导向车（Automated Guided Vehicle，AGV）实现智能化作业，其作业场景一般分为三种：P2P智能搬运、GTP货到人、OTP订单到人。

一、智能AGV场景1——P2P智能搬运

1. P2P智能搬运场景

P2P（Point to Point）是指点到点的搬运，一般用于工厂场景较多，例如将物料从流水线的a处搬运至b处。根据项目不同，P2P搬运场景的复杂程度也不同。搬运方式在智能工厂被广泛采用，因为在智能工厂中经常会存在上下游物料供应的业务，即上游多个生产线产出的物料，需要运送给下游多个生产线使用。

2. P2P智能搬运作业流程（见图5-1）

（1）上游生产线（见图5-1中一层仓库）呼叫机器人把摆放在货架上的物料运走（见图5-1中①取原材料）。

（2）系统同时接收下游生产线的物料需求，在系统中进行需求排队。

（3）机器人到上游生产线搬运物料准备完成的货架（见图5-1中②生产线送料）。

（4）机器人搬运货架前往当前需要该物料的下游生产线（见图5-1中二层生产线）。

（5）下游生产线取出所需物料（见图5-1中③一级生产线送料），如还有其他需求方且物料还有剩余则放行机器人（见图5-1中④二级生产线送料）；如没有其他需求方或物料无剩余则释放机器人。

（6）放行的机器人前往下一个需求方生产线（见图5-1中⑤三级生产线送料），搬运完物料后重复上一步骤。

（7）释放后的机器人搬运空货架回到原来的上游生产线出发位置，放下货架，等待下一次物料搬运呼叫。

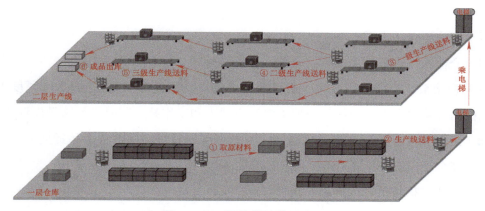

图5-1 P2P智能搬运作业流程

3. P2P智能搬运场景——企业案例

达能食品饮料公司运营脉动饮料生产线。作为一家跨国食品公司,达能把"通过食品,为尽可能多的人带来健康"作为企业使命,在健康食品的四个领域开展业务:鲜乳制品、饮用水和饮料、生命早期营养品和医学营养品。早期达能在传统仓储中基本使用人工搬运(见图5-2),耗时长、效率低、易出错;后期企业应用P2P作业模式,将搬运机器人作业和上料作业联合起来运作(见图5-3),减少了工作量,降低了人工成本。

图5-2 人工作业　　　　　　图5-3 搬运机器人和上料工作站联合作业

二、智能AGV场景2——GTP货到人

1. GTP货到人场景

GTP(Good to Person)货到人作业模式,替代传统人工仓的人找货作业模式,由仓储机器人根据订单任务将要拣选的货品货架主动搬运到拣货点,拣货人员在拣货点完成拣货;机器人再将货架搬运到下一个拣货点或搬回库存区。

2．GTP货到人作业流程（见图5-4）

（1）客户下单（见图5-4中①下单）。

（2）仓储系统进行订单分析、合单、分拨等处理。

（3）仓储系统处理完成后将一组订单交由调度系统处理（见图5-4中②调度），调度系统根据订单内容将工作任务分配给多个机器人和工作站，同时进行路径规划。

（4）运营调度系统调度多台机器人，根据订单内容将需要拣选货品货架搬运到对应的一个或多个工作站（见图5-4中③拣货）。

（5）工作站拣货员完成摘果、播种作业。

（6）经过机器人周而复始的工作实现货到人拣选，完成波次订单拣选。

（7）订单拣选完成后由打包人员完成复核和打包（见图5-4中④打包）。

（8）打包货物后可由机器人搬运至车辆准备装货发车（见图5-4中⑤发货）。

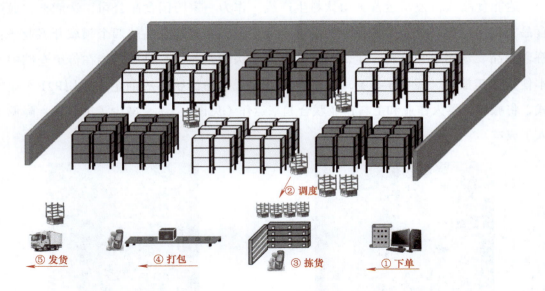

图5-4　GTP货到人作业流程

3．GTP货到人场景——企业案例

天猫超市的心怡武清仓（见图5-5）主营天猫超市业务，为广大网购消费者提供食品饮料、粮油副食、美容洗护、家居用品、家庭清洁、母婴用品等所有生活必需品。武清仓采用GTP+OTP+全局协同的作业模式进行作业。武清智能仓的总面积达20 000 m^2，商品SKU（最小存货单位）为3.7万，日出货量至少为30万件，仓内配置500台机器人，实现拆零拣选占比90%以上，仓储效率由140件/人/小时提升到200件/人/小时，节约了70%的人力成本。

图5-5 心怡武清仓

三、智能AGV场景3——OTP订单到人

1. OTP订单到人场景

OTP（Order to Person）订单到人作业模式，是指仓储机器人载有包装箱的拣选货架到各拣选站点，由区域拣选员进行拣货，在拣选站完成按订单"播种"，边拣边分。分拣完成后，机器人载包装箱到操作台直接进行复核、打包与发运。

2. OTP订单到人作业流程（见图5-6）

（1）客户下单（见图5-6中①下单）。

（2）仓储系统进行订单分析、合单、并单、分拨等处理。

（3）仓储处理完成后将一组订单交由运营调度系统处理（见图5-6中②调度），运营调度系统根据订单内容将工作任务分配给多个仓储机器人和拣货台（见图5-6中③派单），同时进行路径规划。

（4）运营调度系统经过调度仓储机器人（带着订单任务和一个搬运货架）到不同的区域拣货点完成拣货。

（5）区域拣货点的拣货员根据当前仓储机器人的订单任务完成摘果作业（见图5-6中④摘果）和播种作业（见图5-6中⑤播种）。

（6）区域拣货员完成任务后，仓储机器人会到下一个或多个拣货点继续完成拣货。

（7）直到仓储机器人完成分配的订单拣货任务，仓储机器人会自动回到包装区域。

（8）由包装员卸货完成复核、打包（见图5-6中⑥打包）。

（9）打包货物后可由机器人搬运至车辆准备装货发车（见图5-6中⑦发货）。

3. OTP订单到人场景——企业案例

宝洁公司，宝洁是世界上最大的日用消费品公司之一，拥有众多深受信赖的领先品牌。宝洁SKU庞杂，赠品种类多，库内操作精准度要求高；促销频繁，单量巨大，库内作业效率要求高。科捷物流作为中国领先的电商物流运营商，承接其部分传统渠道仓储及配送业务和天猫电商仓配业务。宝洁公司应用OTP订单到人的作业模式，仓内机器人有60台。在双十一期间原始模式下需要255名员工，应用OTP订单到人的作业模式后减少为145人，而且运行时错误率减少2/3，准确率高达99.99%，效率提升了40%。

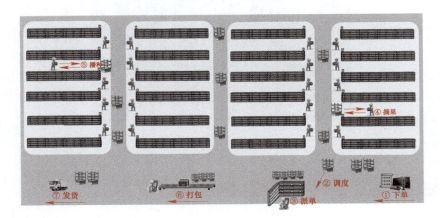

图5-6　OTP订单到人作业流程

四、GTP与OTP作业场景对比

在智能仓场景作业时，P2P点到点作业场景很容易区分，在生产制造性企业中主要代替人工做大量的搬运任务。但是GTP和OTP作业模式应用场景比较相似，容易混淆，因此要从智能仓场景特点、智能仓存储系统、智能仓工作站和智能仓输送方式四个方面进行详细的对比分析，便于在区分两种场景（见表5-2）。

表5-2　GTP与OTP作业场景对比

类型	智能仓场景特点	智能仓存储系统	智能仓工作站	智能仓输送方式
GTP	1. 拣选区无法使用高层空间，自动化程度高 2. 适用于库存量适中、库存周转天数适中、订单量适中、订单弹性低、客单件数适中、SKU适中的业务	直接采用搬运式物料架作为存储单元，每个物料架由方形多层隔板货架组成，物料架的每层都由若干个物料箱构成，每个物料箱就是一个仓位	1. 设立单独的工作站，用于呼叫AGV搬运货架与分拣货物 2. 设立于"货到人"区域前方，尽可能缩短AGV的搬运距离以提高工作效率	AGV直接将存储区的货架运至工作站，由工作人员进行下架与播种，再由AGV将播种完成的货物运至打包台
OTP	1. 人工参与度高 2. 适用于库存量大、库存周转天数短、订单量大、订单弹性高、客单件数高、SKU复杂的业务	采用传统的横梁货架，货物以托盘的形式存放于货架之上，横梁货架下层为拣选区，上层为存储区	无须单独设立	1. AGV运送的是订单物料架，其由方形多层隔板货架构成，每层都有若干个周转箱，代表不同的订单 2. AGV将订单物料架运至不同存储区的不同位置，由该位置的工作人员将所需货位放入相应的订单框，完成拣货，最后AGV再将满载货物的物料货架送至打包台

项目五 | 智能仓配规划

任务实施

情景一　操作过程

步骤1：分析企业特点

根据情景描述，从以下四个方面来分析天猫超市优品北京仓的特点。

订单特点：

商品特点：

消费者特点：

作业特点：

步骤2：智能仓适用场景分析

通过对优品北京仓存储商品的特点以及作业痛点等内容的分析，结合AGV智慧仓三种作业模式适用的不同场景，进行如下分析：

类　型	智能仓场景特点	匹　配　程　度		适用智能仓	
P2P		匹配程度较高 匹配程度一般 不匹配	☐ ☐ ☐	适用 不适用	☐ ☐
GTP		匹配程度较高 匹配程度一般 不匹配	☐ ☐ ☐	适用 不适用	☐ ☐
OTP		匹配程度较高 匹配程度一般 不匹配	☐ ☐ ☐	适用 不适用	☐ ☐

情景二 操作过程

步骤1：分析企业特点

根据情景描述，从以下四个方面来分析小风医药仓库的特点。

订单特点：
_____
_____
_____
_____
_____
_____

药品特点：
_____
_____
_____
_____
_____
_____

消费者特点：
_____
_____
_____
_____
_____
_____

作业特点：
_____
_____
_____
_____
_____
_____

步骤2：智能仓适用场景分析

通过对小风医药商品的存储特点以及作业痛点等内容的分析，结合AGV智慧仓三种作业模式适用的不同场景，进行如下分析：

类型	智能仓场景特点	匹配程度		适用智能仓	
P2P		匹配程度较高 匹配程度一般 不匹配	☐ ☐ ☐	适用 不适用	☐ ☐
GTP		匹配程度较高 匹配程度一般 不匹配	☐ ☐ ☐	适用 不适用	☐ ☐
OTP		匹配程度较高 匹配程度一般 不匹配	☐ ☐ ☐	适用 不适用	☐ ☐

情景三　操作过程

步骤1：分析企业特点

根据情景描述，从以下四个方面来分析公牛插座仓库的特点。

订单特点：
_____
_____
_____
_____
_____
_____

原材料特点：
_____
_____
_____
_____
_____
_____

消费者特点：
_____
_____
_____
_____
_____
_____

作业特点：
_____
_____
_____
_____
_____
_____

步骤2：智能仓适用场景分析

通过对公牛插座原材料的存储特点以及作业痛点等内容的分析，结合AGV智慧仓三种作业模式适用的不同场景，进行如下分析：

类型	智能仓场景特点	匹配程度	适用智能仓
P2P	_____ _____ _____	匹配程度较高 ☐ 匹配程度一般 ☐ 不匹配 ☐	适用 ☐ 不适用 ☐
GTP	_____ _____ _____	匹配程度较高 ☐ 匹配程度一般 ☐ 不匹配 ☐	适用 ☐ 不适用 ☐
OTP	_____ _____ _____	匹配程度较高 ☐ 匹配程度一般 ☐ 不匹配 ☐	适用 ☐ 不适用 ☐

分析预期效果

请根据三家企业的作业场景分析结果，试着做一下三家企业的预期效果分析（选做）。

原材料管理方面：_____

_____

作业效率方面：_____

_____

产线对接方面：_____

_____

人员投入方面：_____

效果评价

序号	评价内容	满分	得分结果
1	熟悉AGV智能仓常见的应用场景种类	10	
2	能合理解决情景一的问题	20	
3	理解AGV智能仓三种作业场景的作业流程	10	
4	能合理解决情景二的问题	20	
5	掌握AGV智能仓三种作业场景的适用条件	10	
6	能合理解决情景三的问题	20	
7	能够针对企业背景，准确匹配智能仓的应用场景	10	
8	合　　计	100	

任务二　智能仓设备配置

📖 任务目标

📖 知识目标

- 掌握智能仓货架数量设置方法。
- 掌握智能仓机器人的数量设置方法。
- 掌握智能仓工作站的数量设置方法。
- 掌握智能仓相关配套设备的数量计算方法。

📖 技能目标

- 能根据企业要求,用科学的方法计算出智能仓内各种设备的合理数量。
- 能根据仓库运行效率确定配套设备数量。

📖 素质目标

- 培养规范管理的能力。
- 培养细致严谨的工作态度。

职业素养　细致严谨的工作态度

智能仓配的应用能够保证货物仓库管理各个环节数据输入的速度和准确性,确保企业及时准确地掌握库存的真实数据,合理控制企业库存。通过科学的编码,还可方便地对库存货物的批次、保质期等进行管理。此任务的学习主要是通过细心计算和严谨分析思路,来解决智能仓设备配置问题。经过一系列数据的整理、分析与计算的过程,培养我们细致严谨的工作态度。

📒 任务情景

北京衣型服装股份有限公司是一家以线上经营为主的服装企业,企业引入AGV智能仓,采用GTP货到人模式进行作业。根据前期制订的智能仓解决方案,接下来需要具体分析设备配置。该企业要求综合考虑成本和效率两方面的要素,进行设备数量配置。规划公司给出了仓库、货架、AGV机器人等设备设施的基本参数。

（1）智能仓基本参数及条件:

1）仓库的尺寸为长17m、宽17m,仓库工作时间为8h/天。

2）所有商品的尺寸都满足货架格尺寸,商品的平均总体积（平均单件体积）为3 401 362mm^3。

3）当前库存平均出库量为1 727.65单,平均库存周转天数为12天。

4）根据企业需求确定库存基准天为2022年8月6日,其出入库信息如表5-3所示。

表5-3 库存基准天出入库信息

日期	出库订单数	出库订单行数	出库品项数（SKU）	出库量（件）
2022.8.6	1 876	2 644	1 309	2 647
日期	入库订单数	入库订单行数	入库品项数（SKU）	入库量（件）
2022.8.6	655	961	733	2 498

（2）根据经验，AGV机器人在仓库面积范围内各作业环节分解的作业时间以及基本参数如下：

AGV到达货架的平均时间：14s　　　AGV顶举货架时间：3s

AGV放下货架时间：5s　　　　　　AGV机器人承重：500kg

AGV平均行驶速度：1m/s　　　　　AGV平均转弯时间：2s/次

AGV平均转弯次数：4次

（3）每组货架30个货格，每层两面，每面3个货格，共五层（底层可负载300kg，其余每层可负载150kg）。货架参数如下：

货架存储空间系数：0.7

货架规格（L×W×H）：880mm×880mm×2 400mm

货格规格（L×W×H）：430mm×280mm×300mm

货架自重：30kg

（4）根据经验，入库站点单次SKU作业时间（即一个SKU在入库站点的入库时间）和出库站点单次SKU作业时间（即一个SKU在出库站点的拣选时间）如下：

入库站点单SKU作业时间：5s　　　出库站点单SKU作业时间：7s

作业处站点切换时间：6s　　　　　货架旋转时间：5s

请结合以上信息，按照以下规划步骤，最终配置出设备数量：

1）根据已知商品信息，并计算仓库货架数量。

2）计算仓内拣选工作站、入库工作站的数量。

3）根据仓库基本要求，确定AGV机器人的数量。

4）根据计算得出的AGV数量，计算AGV充电桩及等待位的数量。

知识链接

在一个典型的智能仓中，除存储、搬运设备等必须考虑的要素外，还需考虑在智能仓内部署的作业位（停车点）、等待位、充电桩的数量。因此在进行规划时，行业内通常把计算工作站、AGV机器人等设备的数量作为智能仓规划与运作的关键。智能仓设备配置问题要按照货架数量分析、工作站数量分析、工作站机器人数量分析以及配套设备数量分析四个步骤完成。

一、智能仓内货架数量分析

1. 数量确定方法

在给出货架规格、目标存储量以及所有物料的体积和重量等既定条件的前提下，行业内通常会按照以下步骤来计算智能仓内货架的数量。

（1）在所有货物的规格列表中，以货架货格的规格为标准，筛除体积过大的商品信息，并对剩余商品进行平均单件体积的计算。

（2）根据货架总体积，计算货架容量，公式为

$$货架容量（件）=（货架总体积×货架存储空间系数）/平均单件体积 \quad (5-1)$$

（3）计算货架数量，公式为

$$目标存储量=平均库存周转天数×平均出库量 \quad (5-2)$$

$$货架数=目标存储量/货架容量 \quad (5-3)$$

2. 分析货架占用空间

确定仓库内货架数量后，结合货架面积（见式5-4）与仓库面积的大小，分析货架在仓库内的空间占用情况。若货架面积大于仓库面积，则无法容下；若货架面积小于仓库面积，则需考虑其他设施在仓库内的占比情况，综合判断。

$$货架占用面积=货架数量×单个货架的面积 \quad (5-4)$$

例1 已知条件：某智能仓尺寸为长10m、宽10m，假设所有商品的尺寸都满足货架格尺寸，商品的平均单件体积为 $3\,000\,000\,mm^3$，货架规格（L×W×H）为920mm×920mm×2 400mm，货架存储空间系数为0.7，当前库存平均出库量为1 800件，平均库存周转天数为10天。

问题解决：智能仓内货架数量及货架占用面积。

分析过程：

（1）题目中已知所有商品的尺寸都满足货架格尺寸，因此不用对商品进行筛选。

（2）确定货架容量。

$$\begin{aligned}货架容量（件）&=（货架总体积×货架存储空间系数）/平均单件体积\\&=（920×920×2\,400×0.7）/3\,000\,000\\&≈473.98（件）\end{aligned}$$

（3）确定货架数量。

$$目标存储量=平均库存周转天数×平均出库量=10×1\,800=18\,000（件）$$

$$货架数=目标存储量/货架容量=18\,000/473.98≈38（个）$$

（4）分析货架占用空间。

$$货架占用面积=货架数量×单个货架的面积$$
$$=38×920×920$$
$$=32\ 163\ 200（mm^3）$$
$$=32.163\ 2（m^3）$$

因为，仓库面积=10×10=100（m³）>32.163 2（m³）；所以，能容下。

二、智能仓内工作站数量分析

在智能仓内的作业人员，只需在工作站等待货架被运送至工作站，随后进行商品拣选作业。智能仓内的拣选出库、补货入库等主要作业均在工作站处完成，工作站数量的多少、效率的高低直接影响仓内整体的作业效率以及订单的完成情况，因此需要根据订单数据信息以及AGV机器人在智能仓内的作业情况，综合分析出智能仓内所需要的各类工作站的数量。

（1）在智能仓内，主要是在工作站处完成订单的拣选及入库作业，工作站数量的确定与其自身的作业效率息息相关，因此需要根据基准日的订单出入库数量与工作站的拣选/入库作业效率，推测出所需的工作站数量。

（2）根据出库量以及订单行数，确定每行订单所包含的商品数量，推测货架单次作业的命中数量（命中件数），即货架每达到工作站，可拣选的商品种类及拣选数量。

推算货架单次命中数量（命中件数）：行件数=出（入）库量/订单行数。

行件数：即平均每行订单所包含的件数，若行件数数值为1，说明每行订单大约包含一件商品，每次拣选动作只需完成一件商品的拣选。行件数可代表拣选效率的高低。

（3）结合机器人及货架在工作站处的作业时间情况，分析出单次拣选或入库的耗时。

单个机器人在工作站耗时=旋转货架时间+站点切换时间+单件拣货时间×命中件数。

（4）综合作业耗时情况以及命中数量，推测工作站作业效率。

1）工作站点每分钟可拣选（或入库）数量=（60s/单机器人在工作站耗时）×命中件数。

2）站点作业效率（件/h）=每分钟可拣选（入库）的数量×60min。

（5）利用作业效率、作业时间、作业量来推测智能仓内的工作站数量。智能仓中工作站分为入库工作站和拣选工作站（出库工作站）。在AGV智能仓内，入库工作站入库环节可理解为对出库货品的补货作业，其效率在一般情况下大于出库作业的效率。拣选工作站也就是出库工作站，一般理解为出库拣选作业。

项目五 | 智能仓配规划

1）拣选工作站（出库工作站）的数量=出库数量/（拣选效率×每日工作时间）。

2）入库工作站的数量=入库数量/（入库效率×每日工作时间）。

例2 已知条件：某智能仓根据企业需求确定库存基准天为2023年3月6日，其余参数如表5-4所示。拣选（出库）站点和入库站点的工作参数如表5-5所示。智能仓内每天工作时间8h。

问题解决：确定智能仓工作站数量。

表5-4 某智能仓库存基准天出入库信息

日期	出库订单数	出库订单行数	出库品项数（SKU）	出库量（件）
2023.3.6	1 800	2 600	1 300	2 600
日期	入库订单数	入库订单行数	入库品项数（SKU）	入库量（件）
2023.3.6	600	900	700	2 400

表5-5 某智能仓拣选（出库）站点和入库站点的工作参数

作业环节	拣选（出库）工作站点拣选耗时（s）	入库工作站点入库耗时（s）
AGV机器人在作业处切换站点	5	5
旋转货架时间	4	4
单间拣选时间（SKU作业时间）	6	4

分析过程：

（1）根据智能仓库存基准天数的信息（见表5-4）推算货架单次命中数量（命中件数）。

出库行件数=出库量/订单行数=2 600/2 600=1
即：平均每个出库订单行有1件商品，由此假定单个货架平均每次拣选命中1件商品

入库行件数=入库量/订单行数=2 400/900≈2.67
即：平均每个入库订单行约包含2.6件商品，由此假定单个货架平均每次入库命中3件商品

（2）根据表5-5中拣选（出库）站点和入库站点的工作参数，分析出单次拣选（出库）或入库的耗时。

通过AGV仓储机器人在拣选（出库）工作站处的动作分解及其用时，可以推算出：
单个机器人在拣选（出库）工作站耗时=旋转货架时间+站点切换时间+单件拣货时间×拣选命中件数=4+5+6×1=15（s）

通过AGV仓储机器人在入库工作站处的动作分解及其用时，可以推算出：
单个机器人在入库工作站耗时=旋转货架时间+站点切换时间+单件拣货时间×入库命中件数=4+5+4×3=21（s）

（3）综合作业耗时情况以及命中数量，推测工作站作业效率。

① 拣选（出库）工作站点每分钟可拣选数量=（60s/单机器人在拣选工作站耗时）×拣选命中件数=（60/15）×1=4（件）
② 拣选(出库)站点作业效率=每分钟可拣选的数量×60min=4×60=240（件/h）
即：单个拣选（出库）工作站满负荷运转下可满足240件/h的拣选效率

① 入库工作站点每分钟可拣选数量=（60s/单机器人在入库工作站耗时）×入库命中件数=（60/21）×3≈8.57（件）
② 入库站点作业效率=每分钟可入库的数量×60min=8.57×60=514.2（件/h）
即：单个入库工作站满负荷运转下可满足514.2件/h的拣选效率

（4）结合工作站的作业效率、工作时间以及作业量，可推测出在既定作业量的情况下所需工作站的数量。

拣选（出库）工作站的数量=出库数量/（拣选效率×每日工作时间）=2 600/（240×8）=1.35≈2（个）
即：需要设置2个拣选（出库）工作站

入库工作站的数量=入库数量/（入库效率×每日工作时间）=2 400/（514.2×8）=0.58≈1（个）
即：需要设置1个入库工作站

三、智能仓内工作站机器人数量分析

通过对AGV仓储机器人在仓库内作业行走路程的分析，可依据不同的计算标准来计算仓内所需AGV机器人数量。在AGV机器人进行作业时，一般会将区域分为入库区域和出库区域，且两个区域的AGV机器人通常不会混用，即用于出库的机器人只适用于出库作业，因此在计算时需要分别计算用于出库和入库的机器人数量。

（1）根据图5-7可以看出，货架单次作业往返时间包括机器人到达货架位时间、顶举与释放货架时间、到达站点时间和返回货架位时间。经AGV机器人动作拆解（见图5-8）得出，到达站点时间与返回货架位时间等于货架的移动时间可细化分为直行和转弯两个部分。

1）直行时间=（1/2仓库的长+1/4仓库的宽）/AGV机器人的行驶速度。

2）转弯时间=每次转弯的时间×每次转弯的次数。

即：根据行业经验，AGV机器人在智能仓内的转弯次数一般为4～5次，每次的时间约为2～3s。

3）到达站点时间=返回货架位时间=直行时间+转弯时间=（1/2仓库的长+1/4仓库的宽）/AGV机器人的行驶速度+（每次转弯的时间×每次转弯的次数）。

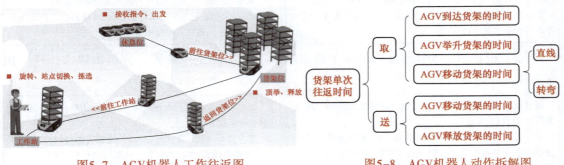

图5-7 AGV机器人工作往返图　　图5-8 AGV机器人动作拆解图

（2）通过对货架单次作业的流程进行动作拆解，确定货架单次作业往返时间。

货架单次作业往返时间=机器人到达货架位时间+顶举货架时间+到达站点时间+返回货架位时间+释放货架时间。

（3）确定站点单次作业耗时。

站点单次作业耗时=旋转货架时间+站点切换时间+单件拣货时间×命中件数。

（4）确定智慧仓内工作站点机器人数。

工作站点所需机器人数量=（货架单次作业往返时间/站点单次作业耗时）+1。

例3 已知条件：某智能仓的尺寸为长20m、宽20m，工作站数量和站点单次作业耗时采用本任务例2中已经算出的数据，即出库工作站2个，入库工作站1个；出库站点单次作业耗时15s，入库站点单次作业耗时21s。

根据经验，AGV机器人在仓库面积范围内各作业环节分解的作业时间以及基本参数如下：

AGV到达货架的平均时间：14s　　AGV顶举货架时间：3s

AGV放下货架时间：5s　　　　　AGV机器人承重：500kg

AGV平均行驶速度：1m/s　　　　AGV平均转弯时间：3s/次

AGV平均转弯次数：5次

问题解决：确定此智能仓内工作站点机器人数。

分析过程：

（1）确定AGV机器人在仓库内到达站点时间和返回货架位时间。

1）直行时间=（1/2仓库的长+1/4仓库的宽）/ AGV机器人的行驶速度=（1/2×20+1/4×20）/1=15（s）。

2）转弯时间=每次转弯的时间×每次转弯的次数=3×5=15（s）。

3）到达站点时间=返回货架位时间=直行时间+转弯时间=15+15=30（s）。

（2）确定货架单次作业往返时间。货架单次作业往返时间=机器人到达货架位时间+顶举货架时间+到达站点时间+返回货架位时间+释放货架时间=14+3+2×30+5=82（s）。

（3）确定智慧仓内工作站点机器人数。

① 出库工作站点所需机器人数量=（货架单次作业往返时间/出库站点单次作业耗时）+1=（82/15）+1≈6.47≈7（辆） ② 拣选（出库）工作站中所需机器人数量=7×2=14（辆）	① 入库工作站点所需机器人数量=（货架单次作业往返时间/入库站点单次作业耗时）+1=（82/21）+1≈4.9≈5（辆） ② 入库工作站中所需机器人数量=7×1=7（辆）

四、智能仓内配套设备数量分析

在以AGV仓储机器人为主的智慧仓内，除货架、机器人、工作站外，还需考虑等待位、充电桩等辅助设备设施的配置。为确保仓内AGV机器人能够不受自身电量影响顺利完成拣选作业，通常会在仓库内设置专门的充电区域，配套适量的充电桩。为保证库内出库、入库作业的有效运行，通常会在拣选处设置若干等待位，其中，等待位、充电桩的设置均与仓内AGV仓储机器人的数量相关。

1．确定等待位的数量

在以"货到人"模式为主的智能仓中，受出入库货流量以及AGV仓储机器人数量的影响，为保证库内出入库作业的有效运行，通常会在拣选处设置若干等待位。拣选位上的AGV机器人正在进行拣选作业时，后面的机器人从"入站"处进入作业区域，并在等待位处进行等待，前方机器人完成拣选作业后，向前移动一个位置，直至拣选完成进入主通道"出站"。

等待位的数量：根据企业经验，一般将AGV机器人等待位的数量设置为站点所需AGV机器人数量的0.3倍。

2．确定充电桩的数量

为确保仓内AGV机器人能够不受自身电量影响顺利完成拣选作业，通常会在仓库内设置专门的充电区域，配套适量的充电桩，且充电区域的每个充电桩上会留有一辆充电备用的AGV机器人。

充电桩的数量：一般会依据AGV机器人的数量将比例设置为1∶4，即每4辆AGV机器人配置一个充电桩。

3．确定智能仓内机器人总数

智能仓内机器人总数=入库AGV机器人数量+出库AGV机器人数量+充电桩备用AGV机器人数量

例4 已知条件：某智能仓中出库工作站和入库工作站个1个，每个出库工作站需要15辆AGV机器人，每个入库工作站需要10辆AGV机器人。

问题解决：确定此智能仓中等待位的数量、充电桩的数量和仓内机器人总数。

分析过程：

（1）确定等待位的数量。

拣选（出库）工作站等待位=15×0.3=4.5≈5（个）	入库工作站等待位=10×0.3=3（个）
即：在每个拣选（出库）工作站需要设置5个等待位	即：在每个入库工作站需要设置3个等待位

（2）确定充电桩的数量。

充电桩数量与AGV机器人数量的比值为1∶4，即每4个AGV机器人需配置1个充电桩，且每个充电桩处需一辆AGV机器人以作为充电备用机。

充电桩的数量=（15+10）/4=6.25≈7（个）。

（3）确定智能仓内机器人总数。

智能仓内机器人总数=入库AGV机器人数量+出库AGV机器人数量+充电桩备用AGV机器人数量=10+15+7=32（辆）

即：在工作区域内，需配置32辆AGV仓储机器人。

AGV机器人

项目五 | 智能仓配规划

任务实施

任务情景 操作过程

步骤1：确定货架数量

（1）在所有货物的规格列表中，以货架货格的规格为标准，筛除体积过大的商品信息，并对剩余商品进行平均单件体积的计算。题目中已知所有商品的尺寸都满足货架格尺寸，因此不用对商品进行筛选。

（2）根据货架总体积，计算货架容量。
货架容量（件）=_____
（3）计算货架数量。
目标存储量=_____
货架数=_____
（4）分析货架占用空间。
货架占用面积=_____
对比结论：_____

步骤2：确定工作站数量

（1）根据表5-3中智能仓库存基准日的出入库信息推算货架单次命中数量（命中件数）。

| 拣选行件数=_____
_____
结论：_____ | 入库行件数=_____
_____
结论：_____ |

（2）根据情景中出库站点和入库站点的工作参数，分析出单次拣选（出库）或入库的耗时。

| 通过AGV仓储机器人在拣选工作站处的动作分解及其用时，可以推算出：
单个机器人在拣选工作站耗时=_____
_____ | 通过AGV仓储机器人在入库工作站处的动作分解及其用时，可以推算出：
单个机器人在入库工作站耗时=_____
_____ |

（3）综合作业耗时情况以及命中数量，推测工作站作业效率。

| ① 拣选工作站点每分钟可拣选数量=_____
_____
② 拣选站点作业效率=_____
_____
结论：_____ | ① 入库工作站点每分钟可拣选数量=_____
_____
② 入库站点作业效率=_____
_____
结论：_____ |

（4）结合工作站的作业效率、工作时间以及作业量，可推测出在既定作业量的情况下所需工作站数量。

221

智能仓储与配送

拣选工作站的数量＝_____

入库工作站的数量＝_____

步骤3：确定工作站机器人数量

（1）确定AGV机器人在仓库内到达站点时间和返回货架位时间。

① 直行时间＝_____

② 转弯时间＝_____

③ 到达站点时间＝_____

（2）确定货架单次作业往返时间。

货架单次作业往返时间＝_____

（3）确定智能仓内工作站点机器人数量。

① 拣选工作站点所需机器人数量＝_____

② 拣选工作站中所需机器人数量＝_____

① 入库工作站点所需机器人数量＝_____

② 入库工作站中所需机器人数量＝_____

步骤4：确定智能仓内配套设备数量

（1）确定等待位的数量。

拣选工作站等待位＝_____

入库工作站等待位＝_____

（2）确定充电桩的数量。

充电桩的数量＝_____

（3）确定智能仓内机器人总数。

智能仓内机器人总数＝入库AGV机器人数量+出库AGV机器人数量+充电桩备用AGV机器人数量＝_____

结论：_____

效果评价

序号	评价内容	满分	得分结果
1	掌握智能仓货架数量设置方法	10	
2	掌握智能仓机器人的数量设置方法	20	
3	掌握智能仓工作站的数量设置方法	10	
4	掌握智能仓相关配套设备的数量计算方法	20	
5	能根据仓库运行效率确定配套设备数量	10	
6	严谨、规范配置设备数量	10	
7	能合理解决任务情景的问题	20	
8	合　计	100	

参 考 文 献

[1] 李永生，刘卫华. 仓储与配送管理[M]. 4版. 北京：机械工业出版社，2019.
[2] 江少文. 配送中心运营管理[M]. 3版. 北京：高等教育出版社，2016.
[3] 黄静. 仓储管理实务[M]. 4版. 大连：大连理工大学出版社，2017.
[4] 王宇. 危险化学品物流[M]. 北京：化学工业出版社，2010.
[5] 陈虎. 物流配送中心运作管理[M]. 北京：北京大学出版社，2011.
[6] 贺嵘. 仓储与配送实务[M]. 北京：清华大学出版社，2012.
[7] 齐普金. 库存管理基础[M]. 马常松，译. 北京：中国财政经济出版社，2013.
[8] 王晶. 物流优化技术与方法[M]. 北京：中国财富出版社，2013.
[9] 唐军荣，徐冰，程晓栋. 仓储管理实务[M]. 南京：南京大学出版社，2014.
[10] 杨莉. 仓储作业实务[M]. 北京：中国财富出版社，2015.
[11] 邓传红. 配送实务[M]. 北京：中国人民大学出版社，2015.
[12] 王远炼. 库存管理精益实战手册[M]. 北京：人民邮电出版社，2015.
[13] 刘毅. 仓储作业实务[M]. 2版. 北京：机械工业出版社，2017.
[14] 贾争现，冯丽帆. 物流配送中心规划与设计[M]. 4版. 北京：机械工业出版社，2019.
[15] 孔继利. 物流配送中心规划与设计[M]. 2版. 北京：北京大学出版社，2019.
[16] 李学工. 冷链物流策划实务[M]. 北京：清华大学出版社，2019.
[17] 李联卫. 物流案例精选与评析[M]. 北京：化学工业出版社，2019.
[18] 美国供应链管理专业协会（CSCMP），沃勒，埃斯珀. 供应链与库存管理：库存控制、流转与绩效评估[M]. 罗小七，译. 北京：人民邮电出版社，2020.